人间康城

理想的老年生活

庞门 禾一 著

中国文史出版社
CHINA CULTURAL AND HISTORICAL PRESS

图书在版编目（CIP）数据

人间康城 / 庞门, 禾一著. — 北京：中国文史出版社，2020.11

ISBN 978-7-5205-2293-9

Ⅰ.①人… Ⅱ.①庞… ②禾… Ⅲ.①养老 Ⅳ.①C913.6

中国版本图书馆CIP数据核字（2020）第180456号

责任编辑：张春霞

出版发行：**中国文史出版社**

社　　址：北京市海淀区西八里庄路69号院　邮编：100142
电　　话：010-81136606　81136602　81136603（发行部）
传　　真：010-81136655
印　　装：廊坊市海涛印刷有限公司
经　　销：全国新华书店
开　　本：710mm×1010mm　1/16
印　　张：15.75　字数：208千字
版　　次：2021年1月第1版
印　　次：2021年1月第1次印刷
定　　价：58.00元

谨以此书献给我的父母!

献给天下所有的老人!

序言
preface

带着问题出发

大概我们每一个人都是突然被抛入养老这件事的吧。一开始是见习父母的养老，后来是直面自己的养老，仿佛走着走着就到了，完全忘了准备，也来不及做好准备，更不清楚究竟该准备什么。

当我的父母开始逐日面对老去的时候，我还整日乐此不疲地忙着赚钱养家走上人生巅峰，完全不知道他们将要面临人生最大的一次转折，而那转折也同样在前面等着我。我将要成为这场转折的见习者和参与者，我们谁也做不了逃兵。

他们好像是我们永远的先驱者，可我们好像永远都不知道他们也是第一次面对这些，也是个孩子。他们将要面对的究竟是什么？除了钱，他们究竟该为此准备什么？他们会不会害怕？会不会像个6岁的小宝宝一样迷茫和惊慌失措？

如果他们就是我们，我们用20多年的学习才学会怎样面对人世，那么我们该从哪里、花多少时间去学习如何面对这一次转折？

老吾老以及人之老

15年前，在设计一个项目的时候，偶然接触到养老的话题，我开始关注老年群体的生活，其中最主要的是关注我父母的生活。当时我的父母60岁左右，刚刚进入养老阶段。

我的父母是农民，60岁之前一直在大巴山深处的农村老家。快到60岁的时候，我父亲说不想干活儿了，想要退休了。我们觉得很诧异，中国的农民是没有退休一说的，尤其是我们老家地处偏远，没有企业愿意到大山里投资农业，更没有成型的农业产业，所以老家的农民是正儿八经的农民，不是欧美发达国家每天有上下班保障的产业农民。不过，我们家四兄妹都不在农村生活了，两个哥哥和妹妹都在重庆安了家，工作比较稳定，我也在阆中古城一所学校当老师。所以，父母说是退休，更像是要和子女生活在一起。父母的要求并不过分，大家一合计，决定请父母搬迁到重庆生活。当时搬走得很决绝，连老家的老房子都卖掉了，户口也全部迁移到重庆。这似乎是最正确的决定，带着对父母的敬孝之意，大家热情高涨地完成了这次搬迁。在这场忙忙碌碌当中，我们好像都忘了这是将父母这两株参天大树从大巴山湿润的土壤中连根拔起，移植到重庆火热的山石之上。这将彻底改变他们的生活，而他们能适应吗？该怎么适应呢？

那一年，我父亲56岁。为了兑现他60岁退休的诺言，到了重庆之后，他居然还真去找了工作，一直坚持到60岁才真正结束上班。那时候，我母亲的主要工作就是帮助两个哥哥和妹妹照看孩子，其实在那之前，两个哥哥的孩子一直都是送回老家去，在乡下由我母亲代为照看的。我们这一代人，爷爷奶奶照看孙子是比较普遍的现象，子女进城打拼，压力很大，大部分孩子都是送回老家让父母带大的。我的父母就这样在离开他们生活了大半辈子的地方后，做了重庆这个城市的新移民，要在一个气候、地貌、人际、饮食、节奏都完全不同的地方重新扎根生活。没有人能真正帮他们承受这次转折，甚至没有人真正去想象这个并不容易的扎根过程。而他们，这两株繁茂的大树，看似在退休养老，实际上却继续伸展着他们宽厚的怀抱，护佑子孙。

普通人的日子仿佛就是这样按部就班地往前走的，我们之中，很少有人真正关注过这代老年人养老的事情（当然主要是指如我父母这样投靠子女进城的人群，在城市化运动超前发达的中国，这是个非常庞大的群体），甚至连老年人自己也不知道怎么养老。我们就这样各自安顿下来，然后在各自的忙碌奔波中，任由父母的养老生活如野草一样正式开始。

没有人教习，也没有教材可参考，我的父亲开始自己摸索着关注这个问题。首先摆在他们面前的居然还是生存，一种并不等着子女给钱、并不给子女增添太多负担的独立的生存。到重庆后，父亲做的第一件事情就是想办法弄到了普惠性的"低保"，一个月有80块钱。在60岁退休后，我父亲找到一个既能锻炼身体又能生财的门道，那就是开办老人广场舞场。我父亲一直喜欢音乐，在重庆很快学会了跳广场舞，而且开始自己制作跳广场舞的舞曲光盘。他播放的舞曲节奏感特别强，很多老年人都愿意到他的舞场去跳舞。每人每月收费5元，除掉电费，一个月还能挣到500元钱，再加上教别人跳舞，收些学费，生活费就够了。我母亲在不再带孙子的时候，开始在居住地附近的拆迁空地种蔬菜。我母亲非常勤快，所有蔬菜的肥料都是她亲自去收集树叶等材料进行堆肥，坚决不用农药，有虫子都是她亲自捉了去，所以我母亲种的蔬菜即使在对蔬菜比较挑剔的人们眼里也都是抢手货，常常是去菜市场的路上就被抢光了。我母亲靠她勤劳的双手，每年卖菜居然能存到几万块钱呢。后来，我们的父母几乎都不用我们子女给生活费，他们靠自己就能养活自己。

可是，这种方式看起来蛮有意思，实际上并不能彻底解决父母的后顾之忧。随着父母年龄增大，身体逐渐老化，体力逐渐降低，这些活儿迟早有一天就干不动了。这样的担忧，我从父母并不踏实的言谈举止就能看出来。于是，父亲又开始琢磨国家的政策导向了。那时候在重庆推出了可以一次性购买养老保险的政策，一个人7.5万元，两个人15万元，我父母没有跟我们商量就靠他们自己的积蓄完成了这个伟大的事情。第一年就开始领退休金，一个人每月有800块，逐年递增，到2018年的时候，他们居然能领到1600元，两个人合计3200元，生活费是没有问题了。

退休工资解决了吃饭问题，但是住的问题一直是父母亲的一块心病。我父亲一直为这个事情耿耿于怀，每次我到重庆，他都会跟我讲。以前的办法是，父母在我大哥和二哥的房子里轮流住，每年换一次。这种和子女住一起的方式，给子女生活带来很多不便，老人家也觉得不自由，尤其是生活饮食不能同步，长期下来，免不了产生矛盾。后来我经济上稍微宽裕一点的时候，在重庆买了一套两居室的房子，专门给父母居住。我还清晰地记得，在买下那套房子的时候，父母亲脸上那如释重负的笑容鲜活得如同金黄的向日葵。就连整个繁重的装修过程都是父亲母亲欢欢喜喜地亲自督促施工完成，最后还坚持自己花钱买了电视机、洗衣机等电器……

他们在重庆有自己的家了。就好像之前所有的努力都只是一种准备，自此，他们才开始踏踏实实地养老。

我父母的故事并不惊天动地，他们也没有丰功伟绩，他们只是中国无数普通老人中的一员。他们辛苦劳作半辈子，到退休的时候随着子女搬迁，一下子扔下曾经费心尽力建设的那个叫作"家"的地方。那里有我们的出生，有我们的捣蛋，有父母开关半生的门，有他们的初相识、长相知……到了退休的那一天，这些都被删去，被重新建设。一方面，在我们还没有经济实力安顿他们养老的时候，在我们还来不及关注他们养老问题的时候，在我们还没有搞清楚怎么协助他们养老的时候，作为人生路上的先驱者，他们自己开始行动了；另一方面，在我们自己觥筹交错自顾不暇的时候，在我们还没搞懂自己未来也将面临这些问题的时候，在我们只顾得上匆匆来去的时候，他们还要伸出遒劲却渐瘦的臂膊来扶助我们。

这看起来只是父母的养老，难以想象我们的养老是什么样子，难道也是一个阶段、一套房子、一把退休金、一句常回家看看吗？

从我父母的经历，我发现：我父母的养老金是他们自己想办法解决的，老人和子女分开居住的住房问题是我解决的。除了这些生存要求，父亲的爱好就是难以想象的几十年每天重复的广场舞。母亲每天的时间则主要花在种植蔬菜上，这难道也算爱好？他们其他的生活内容是什么？他们还会有其他的想法吗？他们的生活还会有其他的可能吗？我们以后呢？

看着父亲母亲不断白去的头发在雷同生活中的静默，看着他们打盹儿时脸上的空白，我终于明白这背后的真相——我的父亲母亲，他们不知道该怎么度过老年人生！我们也不知道！

近半个世纪以来，我们所有的视线焦点都在创造财富养家糊口上，没有人去认真系统地研究60岁以后的生活样式。养老的模板里，除了养生和休息，几乎没有更多选择，更不用说兼顾人更高级的需求。而作为个体小家庭，我们这些从农村转战城市的子女，一直承接多重国家改革的变化，面临着各式各样的压力，沉浸在自己的忙碌中还未觉醒，根本不可能去解决父母养老这个长期系统的问题。

在对康养事业进行了长久持续的关注和探究之后，我们发现还有很多其他问题，比如友邻问题、价值观问题、老年生活品质问题、老年护理问题、老年人才问题……

经过一番归纳与整理、反思与前瞻，我们惊人地发现：这不仅仅是一个横向系统的问题，更是一个纵向系统的问题；这不仅仅是需要某个横向养老模板的建立，更是需要一个培养各种模板的可能。

在这一研究前提下，本书所尝试解决的不再是某一个具体的养生保健问题，而是整个老年生态系统的问题。比如，有的人现在交不起养老金，是与他小时候没机会好好读书有关系，与他成年后没有全力以赴工作有关系。从这个层面上看，这就不仅仅是养老环节的问题，而是一个应该从基础教育开始思考，在成年阶段严肃建设，在老年阶段实现生命全部价值的纵向系统问题。同时，在养生、养心、彻底改变生活内容，重组人际关系这个层面上来看，这又是一个需要通过重建而获得新生活模式的横向系统问题。正是在这样横向与纵向综合考量的体系中，我们才能将老年问题定位为老年系统问题。

当我们尝试在横向与纵向的定位中解决老年系统问题之后，我们发现，这还应该有多种的生活样式可选项提供给大家。就像那个有名的比喻，"人生就像一盒巧克力"，我们的老年生活也应该有各种各样的味道可供选择。因此，研究提供、培养建设各式各样的老年生活就成了我们必须首先去思考的问题。只有到了这个层面上，我们才能把老年问题定位为老年生态系统问题。

于是，通过本书，我们尝试着用一种更长远的视角、更超前的设计，甚至是完全理想化的建构来思考全新的未来的老年人生，为了今天的老人，更为了人们的未来。

在本书中，我们提出了一些概念，有些不是新鲜词语，有些是我们独创的理念，比如"四段式人生""重建理论""庞氏循环""老年需求模型""泛康城模式""医疗闭环""快乐殡葬""二次生命"等。

我们也提出了一种全新的养老思考，不是一个养老院，不是一个养老举措，甚至不是一个养老产业，而是整个养老的基础环节——人间康城，及其之上的康城老人、泛康城模式等。

在这本书里，我们尝试把这些新鲜的想法阐释清楚，有的可能并不完美，还得我们在此书之后依然不断地努力，有的也许能给您带来一丝反思，或者一丝灵感……

人间康城的重要概念

1.三段式人生

在工业革命后，人们的作息时间进入了"三段式人生"模式，人的一生被鲜明地塑造为"学习期—工作期—退休期"三个阶段。无论是最开始的产业工人，还是后来的自由职业者，学习、工作与退休的概念都已经牢牢扎根于每一个人的意识里，成为人们最常见的生活模式。这一模式在长久的代代相传中渐渐成为人们的思维惯性，禁锢了我们对生活的选择，也禁锢了我们的价值观。"老而无用"正是这一模式下人人自危、人人避之唯恐不及又人人践行的判断标准。我们旧的养老生活正是建构在这样的生活模式和这样的价值观之上，而呈现出"退休＝废弃""养老＝负担"的生活现状。

2.四段式人生

经过长期的研究，我们提出"四段式人生"模式，即"学习成长—工作付出—彻底重建—二次生命"四个阶段。我们尝试通过拆解细分、精准研究将原来粗暴划分的退休期重新界定为"彻底重建"和"二次生命"两个阶段，意在通过新增的第三阶段"彻底重建"来重新定义人的生命价值、呈现藏在每个人年龄里的尊严、推翻"老而无用"的旧价值观模式，找出"自由人"生命模板的不同选项，通过"人间康城"帮助人们建构人生的第二次生命，让每个康城人进入真正的"第二次生命"。

我们不但要通过新的第三阶段来形成老年生活质的飞跃，还要以价值观的重塑来影响人们对人生第一、二阶段的反思，甚至重建。

3. 养老孵化

我们尝试提出一种让更多同年龄层老人聚集在一起的新型集中养老孵化模式——人间康城。在这里，我们尝试通过孵化各种养老模式让每个人的未来生活做到可视化选择；通过孵化各种养老技能（身心灵修行）让人们可以实际操作人生的第二次生命；通过孵化各种少年与老年、青年与老年、老年与老年的劳作结合来创造更多的智慧之果；通过孵化各种专业建设帮助相关专业领域更深入地发展。在人间康城，这里有不和年轻人争床位的更为集中的专门医疗系统，更凸显集约化效益的市政投入，更为有效的同龄群体效应，更加人性化生活场景的可能性，更加体系化的老年生活方式，更加庞大的规模效应……

4. 重建理论

重建理论包括"重建阶段"与"彻底重建"两部分。

"退休"二字，把人们从一种充实忙碌的生活模式中强拉出来，大家不知所措，看似轻松随意，实则是垮掉的一段人生。在退休后的漫长时段里，我们大胆设想可以开辟一个专用于重新建立自我和未来生活的时段，我们称之为"重建阶段"。针对这一阶段的解决方案，我们初步设想为四年全日制本科教育。

我们试图通过这样一个有序有机的时段将每个康城人的整个前半段人生复盘，重估，再重新选择一次，选择自己真正想要的生活，以此彻底摆脱三段式人生中随机盲目式养老的现状。要完成这一目标，我们设想为依托"人间康城"孵化的各级学院完成集中学习和养成训练，把人们垮掉的自信心、健康运动规律、方向目标、爱好梦想、友谊和爱……全部找回来，从而建构起真正的新生活，然后开启真正令自己心安幸福的"二次生命"。我们将这一部分实践活动称为"彻底重建"。

5. 庞氏循环

就当下退休生活现状，我们将其归纳为"悲摧的老年""无奈的老年""幸福的老年"三种状态。我们提倡并且致力于通过建设"幸福的老年"形成一种正向循环的模式，即以幸福的一生为培养目标，培养个体在学习成长阶段的目标远大、坚韧上进，工作付出阶段的独立负责、踏实可靠，彻底重建阶段的果敢坚毅、好学不倦，第二次生命中的积极健康、自由自主，这既构成一个个体的生命循环，同时又将构成一个家庭至少三代人之间的代际循环，并且在这样的代际循环中的三代人既相对独立又互为榜样互相激励，以此形成一代一代正向的交替循环，最终以爱与承担为核心构建起一个正向积累的家庭及家族关系，将人类之爱的怀抱温暖得更美好一些。这样一种充满爱的个体生命循环和代际循环，我们称为"庞氏循环"。

6. 老年需求模型

理想的老年生活，我们认为包含了三个层级八个维度的需求。底层是生命保障层，包含吃、住、康、养四个基本需求；中间层是感知需求层，包含娱、旅、爱三个高级需求；最上层是精神需求层，包含影响力这种顶级需求。这三个层级八个维度的需求组成了老年阶段的"立体人生"。没有底层的满足，很难推动上层的满足。没有上层的满足，底层的满足将变得零散和随机。只有从下而上，逐级满足，才能达到更理想的老年生活。

7. 泛康城模式

人间康城是所有人的康城，是理想丰足之地。人间康城的系统中包括康城模式和泛康城模式两部分。

康城模式，是专门解决进入人间康城系统的老年人生活中各类问题的方法系统，把康城模式复制到整个社会的各个层面，我们称之为"泛康城模式"。我们设想通过总部的康城学府—各城市的康城学院—各社区大学—公共巡讲四级梯队，配以四年制——年制—短期班—机动式各四级时长，将康城理念、康城模式逐步下沉到每一位老人身边，因地制宜、开花结果，让所有老人、所有家庭都能因康城模式的出现而受益，让整个社会形成全民尊老、全民爱老的氛围。

8.医疗闭环

在人间康城，老人们首先由可穿戴设备实现自我检测，自动检测的预警会发送至私人医生，私人医生根据检测数据进行一级分流，分为保健建议、深度体检、专家诊疗三线流向；专家诊疗后，病人进入相对应的专门医院进行治疗，这是二级分流；医院只负责治疗，不包含康复训练和护理，因此在专门医院治疗后，病人再进行三级分流，分为疗养院与护理院，分别进行康复疗养和安慰性治疗。全程均有非常熟悉病程的私人医生配合非常专业的医生与护理人员，以减少现有零散医疗的延时与重复检查带来的不必要伤痛与耗费、减少个体对病程的无知和不解带来的不必要的心理压力与病程的加重。这种环环相扣的医疗模式可以最大限度地整合医疗资源、实现真正的"医疗闭环"。

9.快乐殡葬

人生最后的三年，不同于任何一个阶段，如何面对死亡是主要内容。如何降低痛苦，如何提升快乐是重要课题。围绕这一目标，我们设计出一整套流程，比如更轻松的三观建设、积极的心理学干预、提前介入自己的葬礼等方式，以"精神生命"的存在和爱的延续两个观念为核心，让所有老人坦然面对生死，从容看待身后事，轻松地度过最后三年，也让所有年轻人能在老人身上看到宁静祥和的生命尊严。这样既不给活着的人造成任何心理压力和负担，又能更加积极地影响后人，让后人更加灵活、更加充满爱与温暖地缅怀祖先。死亡的面具将在这里被彻底改观，死亡将真正成为人类温柔的长眠、灵魂的归属，而不再是旧式的悲哀与哭泣、恐惧与阴森。这就是我们尝试引导建设的"快乐殡葬"。

10.终身学习

这是个老掉牙的命题，却是进入人间康城改变自己生命质量的唯一机会。在人间康城，老年生活的核心一定围绕学习展开，确立幸福目标，持续学习和实践，持续获得学习的新体验，持续享受非功利式学习的愉悦感，持续获得学习结果的输出所带来的价值感，持续保持学习的谦卑以构筑与任何人（尤其是后生晚辈）交流的获得感和愉悦感，最终将所习得的开放的新思维、新技能、新习惯、新模式建构起来，以彻底重建自己的第二次生命。同时，将终身学习的活力与姿态、谦和与开放呈现给家庭成员，成为家庭成员的榜样，潜移默化地构筑起终身学习的家庭氛围，为形成理想的庞氏循环打下坚实的基础。

11.二次生命

"60岁，我的生命才刚刚开始。"

人的生命分为"依赖人""义务人""自由人"三个状态，只有真正的"自由人"才是我们最向往的理想形态。我们将60岁界定为这一理想形态的起点。

60岁退休后，通过康城系统中四年彻底重建式的学习与生活，个体可以勇敢地重新拟订人生计划，重新开始立体地培养自己，彻底抛弃前面阶段养成的恶习，以老鹰剔喙一样的决心重塑生活，充满激情而非沮丧地享受真正属于自己灵魂所安的自由人生。在四年的团队生活中，康城人彻底重建了自己的体魄、习惯、目标、方向、圈层、友伴、爱好、梦想、理念、心态……自爱自信、自由快乐，又丰富多彩、充满活力的人生开始了。这就是我们努力的方向，生命的尊严。这就是康城人所倡导的"二次生命"！

生命路上永恒的先驱者

一直以来，"被诅咒的60岁"就像有某种不知名的魔力，可以瞬间让一个人的生活垮塌下来。就像宣判，那一天到来的时候，你毫无招架之力地就被某个无形的裁判判出人生的大舞台，从此只有一个灰黑的角落留给你孤独地守望。被抛弃、被边缘、被无用，以"奉养"之名被罚掉了人的基本权利——生产力，也就是被罚掉了人长久以来养成的价值感。"明明昨天还觉得自己是个小伙子，怎么今天就变成了老人呢？"这奇怪的感觉也没人能解释，但身体很配合地开始迅速衰老起来，疼痛不间歇地开始冒头，时代又发展得超级快，各种便利于年轻人的智能化都显示出对你的不友好。"唉，真是糟糕极了！"其实你也说不清到底什么更糟糕，反正一切都让你感觉各种不便。60岁，真的成了一件讨厌的年龄了。

60岁不仅对60岁的人不友好，似乎对谁都不怎么友好，有的人在它来临之前惴惴不安，有的人仓皇四顾，有的人雄心疯涨，有的人懈怠颓丧。这让50岁的最后几年成了人生崛起与证明的最后疯狂，这让40岁的人忍不住为体检表上的红字唏嘘，这让30岁的人既心疼又无奈所爱双亲的逐渐老旧固执，这让20岁的人必须反抗倚老卖老的老人味，这让10岁的人绝不会去想自己60岁的皱纹，这让0岁的人从出生第一次见到死神的可怕。这样说来，60岁真的成了人类无法容忍的罪恶与责罚。

可是，向这样的60岁认输，我们就能幸福吗？

不，不能。

生命的尊严不在于衰老的残忍，而在于我们面对残忍时的慈悲；老的尊严不在于老去的衰败，而在于岁月增长中的智慧结晶。

当我们以幸福为目标的时候，60岁也许是最适合思考幸福的时候，也是最能体验幸福、建设幸福的时候，因为只有这个时候，我们生存的服役结束，我们被奖以真正的自由。我们将永远以时代先驱的身份去反思过去的时代、去尝试新的生活，再没有任何价值能高于人类在生命路上的先驱者！

这才是60岁的尊严！是我们尊老爱老的初心！

我很感谢15年前那个偶然的机会，让我开始从我父母的故事观照当下的老人和人们的未来。我实在想要我的父母能再拥有一个不为儿女家人所累、不为生存杂事奔波的黄金时期，一个属于他们自己的生命的真正的黄金时期，让他们重新焕发生机，快快乐乐地再活一次。我想要他们幸福，也想要60岁的我们能过上真正幸福的黄金岁月，还有我们的孩子们……

庞门

2020年4月于阆中古城庞门学院

目录
Contents

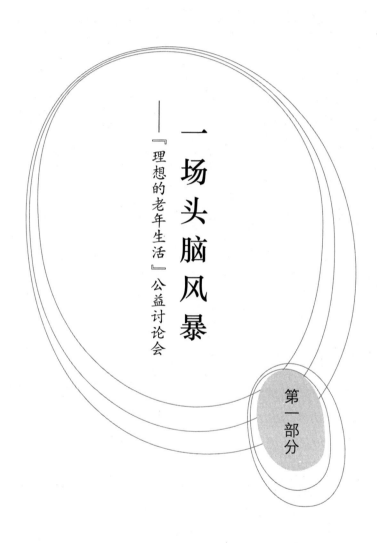

一场头脑风暴

——『理想的老年生活』公益讨论会

第一部分

一、背景介绍

截至2019年，中国60岁以上老年人达到2.6亿，每年增加近千万人，是全世界老龄化增速最快的国家，也是全世界老人最多的国家。预计到2030年中国将超过德国、意大利、日本成为全世界老龄化最严重的国家。

中国作为最大的发展中国家，很多事情还没来得及精心准备，问题就凸显出来了。快速老龄化就是其中最棘手的问题之一。快速老龄化和老年生活系统研究的滞后，形成了鲜明的对比。针对老龄化问题的现行研究大多集中在修心养身、医疗康养、旅行地产等各个板块上。在此之上，我们还能不能为养老事业找到更好的解决之道呢？如果最终我们都要生活在自己一手创建的养老生活中，我们希望那是什么样的养老生活呢？

针对快速老龄化背景下的养老问题，本书第一作者庞传兴通过深度观察、思考和调研，大胆设想、小心求证，历时十年，提出一整套新锐的解决方案——人间康城。

"一场头脑风暴"，作为这本养老书籍的开篇内容，是由包含政府管理人员、企业家、工薪阶层、大学教授、在校学生、普通退休人员等16人就目前养老现状展开自由讨论的真实记录。

二、时间地点

时间：2020年7月12日

地点：四川省阆中古城庞门学院

三、参会嘉宾（以姓氏拼音排序）

常卓（18岁），在读，中央民族大学社会学学院

陈文大（76岁），退休干部，原阆中市美协主席

段军（52岁），企业家，阆中三联书院董事长

何孟霞（35岁），作家，西南民族大学教师

蒋继胜（51岁），企业家，本源文化发展有限公司董事长

李文明（77岁），退休干部，文化学者，原阆中市文联主席

李和平（56岁），在职，知名室内设计师

刘俊哲（70岁），退休教授、博导，原西南民族大学政治与社会学院院长

罗竞雄（78岁），退休干部，著名中医，原阆中卫校校长

罗建琴（24岁），在读，四川大学华西药学院

庞传兴（47岁），设计师、策划人，庞门学院主人

庞一（9岁），在读，成都市龙王庙正街小学

宋鹏（65岁），艺术家，西安人

谭玉滨（80岁），退休干部，阆中市老干局老年大学校长

田毅（41岁），传统木结构建筑传承人，传承木艺加工厂总经理

赵年俊（32岁），在职，成都青羊区教育学院教师，社区老年大学美学教师

四、讨论会发言记录

刘俊哲：

目前新型冠状病毒横行于全世界。我国对患新冠肺炎则是应治尽治，而且治好了上百岁的老人。这一方面是党和政府以人民至上的理念的伟大实践，另一方面是对中国传统尊重生命、尊老敬老思想文化的弘扬。我国已进入老龄化社会，要把养老工作做到实处，中国传统优秀的贵生、尊老、敬老、养老的思想更是值得发扬光大。在中国传统文化中，儒释道三家无不贵生、尊老、敬老、养老。儒家认为天地大德曰生，天有贵生之德。根据天人合一的理论，提出人类也要贵生敬命，包括尊老孝老。荀子认为在天地万物与人之间，人是最为宝贵的，"杀生而送死，谓之贼"。孔子提出仁者爱人的思想，显示了对生命的关爱。当马厩着火了，孔子问伤人否，不问马。孟子提出以不忍人之心，行不忍人之政的思想，以关爱百姓的生命。对于老人，孟子提出"老吾老以及人之老"的命题，表明他对天下老人的关爱。他还指出：周文王善养老，包括"制其田里，教之树畜"等。他还提出："五十非帛不暖，七十非肉不饱，不饱不暖，谓之冻馁。文王之民，无冻馁之老者。"儒家提出"百善孝为先"，而且在中国封建社会中得到了普遍的实践。即使在儒家设想的"大同社会"中，也提出"老有所养"，从而使"老有所终"的思想。道家的创始人老子提出道本原论，认为人与宇宙间其他事物一样，是道生出的；在道、天、地、人四者之中，人也具有自然性，由此人与道、天、地是平等的。这是对人的生命的敬重。道家庄子非常重视人的生命，提出生死自然，心身兼养，以养心（神）为主，使人颐养天年。他认为当时的社会对人的心身都有损伤或摧残，而人们又无力改变这种社会状况，他由此产生厌世而采取个人"出世"的人生态度，认为通过自然意境、超然意境和虚静意境的产生而使人达到无所待的逍遥自由的精神境。藏传佛教也同样有贵生思想，不仅提倡敬爱父母，更是要以大慈大悲之心去救济受苦的无量众生，坚决反对杀生，提倡救生济生，视杀生为重罪，不仅禁止他杀，而且反对自杀行为。在人（包括老人）临终之时，要进行超度，引导其神识有一个好的归宿，至少也要在来世归于善道，不入恶道受尽大苦。这虽然有宗教的消极性一面，但是贵生济生的思想还是值得肯定的。

李文明：

人间康城，是宏大主题和宏观叙事！世界疫情大背景下，来谈论《人间康城》非一般意义所能概括，需用睿智眼光来审视！

阆中应是适合人间康城诞生的一块圣土，"华胥之渚、伏羲所都"的阆嬛福地，人祖的"制九针"，宋代天下望族的陈氏陈尧佐曾孙陈承对中医药的历史贡献，书传日韩。《人间康城》紧随其后的当有一系列行动！将阆中建成货真价实的人间康城机遇已来。此时此刻，悬望庞门学院能够在这场康养风暴中，显出英雄本色！如何走出泛式思考，彰显大健康理念！阆中古城湿地是人间康城走向世界的一张名片，打好这张牌，乃人间康城的压轴砝码，你有怎样的思考和谋略？我们要的是阆苑仙境版的人间康城，作为庞门学院掌门人当有怎样的建树？我们期待。

从战略发展思考，为什么要从养老说起？要从全民健康生活、养生生活谈起，所以说我想颠覆这个话题！天行健，君子当自强不息，地势坤，君子以厚德载物！乃人间康城之大道！

谭玉滨：

老年人是一个弱势群体，"无权，无钱，讨人嫌"，觉得老年人一无是处。但是人生的每个阶段都有其意义，老年人也不能妄自菲薄，应该直面老年的到来，过好老年生活。老年人也可以发展自己的事业，我们也应该重视老年人，我们要思考如何为老年人谋福利。现在利用老年场地来赚钱的大有人在。比如，老年活动中心有男女厕所，居然有人把男厕所改成住宿间，以增加床位来赚钱，或者把老年活动场地用来停车收费。把老年场地用来赚钱是十分错误的，搞老年工作的人应树立为老年人服务的思想。要如何发展老年事业？要解决老年人的问题，首先是要解决认识问题，然后再谈怎样养生。那些不热爱、无感情的研究都是空的。那些啥事都不做的养老也都全完了。养老并不只是岁数大，是要健康长寿。

陈文大：

从风水的角度说，养老要注重养生环境。比如阆中古城历史悠久，与中华民族同生共长，唐宋格局，明清风貌，依山傍水，城市建筑很有风格特点，是一个宜居的地方。现在的人大多有从众心理，都想往大城市走，忽略了小城市的重要性。养老，适合自己的地方就是好地方，阆中其实就是一个养老的好地方。此外，从精神的角度说，少生气。因此无论是老人还是年轻人，对于养生，都应该根据自己的情况选择，适合自己的养老生活就是最好的选择。

罗竞雄：

我们在这里开会谈养老，说不定病毒正在开会研究咋对付人类，咋变异。这次疫情让大家对生命有了更深的理解。人的生命首先是生存，能活下来，就算赢了。从生存到生活，生活是简单的，等生活好了，就上升到了养生的层次。养生的方法甚多，现代人的通病是懂得多，动得少，不能做到知行合一。

养老是个有难度的问题，康是针对所有人的标准，寿是针对老年人的标准。要长寿，首先是先天禀赋的强弱，也就是基因，禀赋不足靠后天补，后天养先天。大家说生死有命，活在当下，这个观点其实层次不高，应该是康乐当下。要注意环境、生态，大环境的青山绿水，自己居住的环境，还有就是心态的环境，心态累人，随时要微调，人有七情，否则就不是人。到老都要学习，这就是一种心境，任何环境都可以适应。从养生来说，最基础的最利大众，康寿就是福。

说句不恰当的话，人间康城在中国，首先是广西巴马，其次是四川阆中。巴马人寿的8个词是：好水，清气，阳光，地磁，饮食，平和，活动，避邪。水是生命之源，如何喝水，喝什么？如何利用太阳，五味五色调配好，对人、对内、对外，就是和，和平发展，这不易做到，因为我们有情绪。和是一种境界，守一抱朴。生命在于活动，有的人说生命在于运动，但早上跑步的，跑着跑着就没了。也有一种生命在于蠕动，比如乌龟，动中静。避，是避邪，风寒暑湿燥火，那些零下四十多度还跳水扎下去的人，就是和大自然作对，刷存在感。我周围的人，有的在拄拐杖，坐轮椅，或者游荡在蓝天中了。人命微浅，朝不虑夕，一不小心就做了肥料，自己的、别人的。但是人老了依然要学习，改变是很难的，又要有money，还要懂，要知行合一，康乐当下。

我马上80岁了，我的口号是工作到100岁，至于活到多少岁不重要。

宋鹏：

要养老最好没有过多欲望，欲望伤人，爱憎伤人。养老这个话题其实还要关注那些40岁到50岁的中年人，很多人是自己把自己累死了。每个人从小要学会"生"，否则老了就自己折磨自己。养老这个事，重在生活而不是活着，生活很简单，但活着要有情趣，就像黄永玉写的《比我老的老头，比我小的老头》，要有趣，当然趣味要高雅，就是雅趣。

段军：

就养老来说，生和心，心要大于生。要让我们的老年人更健康长寿，有时候可以让他们随心所欲，喝酒、抽烟也可以分泌多巴胺，不用严格控制，心理是大于物质的。

李和平：

我的年龄还没到那个阶段，我还没考虑那个问题。我是基本上不敢想以后的事。社会保障好了，老百姓就不操心了。

蒋继胜：

我们都是承前启后的一代。在座的老人，我觉得你们人都没老，老了也没老，精神在，灵魂在，就不会老。写书最终是要做有效益之事，小朋友也要继承，要将养老文化送进大学。对于我来说，就是要把自己的老年生活纳入规划，有余力再辐射社会。

李文明：

说得对，要承担社会责任。一个人自己活100岁算什么，要让更多的人活100岁。

田毅：

我这个年龄是比较难堪的年龄——中年。我父亲、我、我儿子，我父亲年龄大了，脾气也大了，对新生事物很难接受，我能怎么办？只能和稀泥呀。养儿方知父母恩，我要努力，不能以后成为儿子的累赘。

赵年俊：

我认为人的黄金年龄不是10岁，20岁，30岁……而是我们退休后60岁才开始，走过了年少的懵懂，经历了壮年的奔波劳碌，一切都淡然处之，又有了时间和精力可以重新选择后面的生活。（1）旅行养老，约上三五好友集体旅行。（2）合租，同居养老，也就是志同道合的朋友住在一起，互相为伴，最好是有相同爱好的。这两点就是我理想中的养老模式。现在的很多老年人，其实我不太喜欢说他们是老年人，他们的淡定从容，对生活的热爱无时无刻不在感染着我。有位优雅的姐姐，也是婆婆辈了，每个星期都会坚持上课，衣着干净整齐，妆容精致。到底是我们年轻还是这位姐姐年轻？她的身影告诉我们，心态决定一切，即使到了60岁、70岁，我们只是躯壳在变化，内心永远保有孩子般的纯真。有了这样的状态，任何时候我们都是18岁，归来都是少年。有位穿着时髦的叔叔，说话铿锵有力，第一次见面，他说："俊俊老师，我喜欢摄影，我想学习素描解决我的构图，还有对光的把握。"当时我就被他吸引了，他还经常和他的摄影朋友一边旅行一边摄影。正是身边这些活生生的例子让我对老年生活没有了一丝的惧怕，有时候还会心向往之！

罗建琴：

现在，医药分科越来越细，专科化、专门化的趋势不可遏制，老、弱、死都医学化了，好像只是一个需要克服的临床问题。医生关心的只是专业范围之内的事，治病就像修机器，但老年人的精神需要和幸福感似乎无人关心，即便垂死之时，家属和医疗机构都在致力于"延长生命"。我爷爷生命垂危之时，家里人都觉得送往最好的医疗机构是最好的选择，也是给自己的一种心理安慰，但我爷爷最想要的是回家，我们却没有顺从他的意思。老年人最需要的到底是什么？他们最想实现什么？如何在暮年依旧觉得生命有价值？也许，我们必须承认生命本身和医疗技术的局限性，将医治的目的从"延长生命"转为着力实现老年病人的幸福感，即有希望和意义地活着。此外，如何安慰濒临死亡时不安的灵魂？普通家庭如何为养老奉亲承受难以负担的经济压力？社会福利养老机构总是存在各种死角和盲点，而居家养老又无法提供社群交往的支撑。这些都是养老生活需要解决的问题。总的来说，这个行业需要科学，需要艺术，需要革新。当然，也需要谦卑。

常卓：

看起来养老离我还很遥远，其实高中时就开始关注，当时思考老年人需要什么，他们想要什么样的晚年生活，作为晚辈我们应该给老年人什么样的关怀。白岩松说："关爱老人就是关爱未来的自己。"上大学以后，我从理论思考落实到实际行动，参加过很多公益活动，也去敬老院照顾过老年人。一位敬老院的老奶奶说："老了，就不中用了，也没人管你。"当时我很想安慰她，但一时语塞，不知道说什么，其实很多老年人的内心都是十分孤独的，养老是要用实际行动陪伴的，不能空谈，关爱老人，我们可以去做力所能及的事。

何孟霞：

我父亲60岁生日那天，大家为他过生日都热热闹闹、开开心心的，他却说："明明昨天还觉得自己是个壮小伙子，一口气可以上到五楼，怎么今天就是60岁老人了，感觉腿也爬不动了。"前面大家说到，不该把老人叫作老年人，到底该不该叫老年人呢？我有一个大不敬的问题：大家作为老人自信吗？幸福吗？感觉我们在谈这个问题的时候，无论是老年人、中年人，还是年轻人，心理上好像都是有距离的，甚至是回避的、逃避的。

刘俊哲：

面对生死问题，确定是有回避的。而且，社会上总有人把老人叫老东西、老家伙，这也是大家不能接受的原因吧。

何孟霞：

那这里面会不会有什么问题呢？如果老人们都不自信、不幸福，社会会怎么样？我们与老年的距离，大家都不谈，都假装不存在，这是不是因为我们现在对老年的评判，甚至是整个社会对生命的价值感有了什么问题呢？生命的价值感到底应该是什么呢？

罗竞雄：

我现在觉得不应该是康乐当下，应该是康乐有为，不仅要康乐，还要有为。

（注：本讨论会发言内容仅代表每位发言者个人观点，不代表作者

观点。）

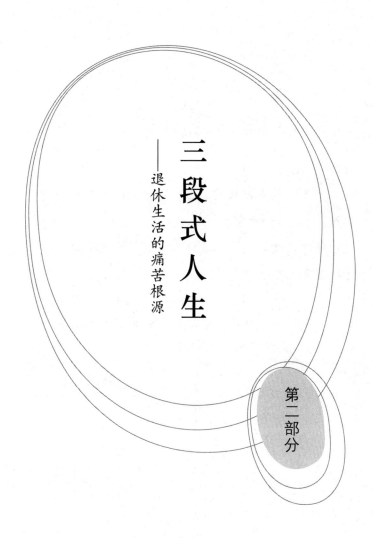

三段式人生

——退休生活的痛苦根源

第二部分

今天的教育系统源自17—18世纪的教育框架，它主张，我们5岁之前应该玩耍，之后学习，之后工作，之后退休，之后死掉。我认为，我们应该同时进行上述所有事情。

——塞巴斯蒂安·图恩（SebastianThun）

"爸，妈，我们上班了哦。"

"爷爷，奶奶，拜拜。"

"好。"你想了想，又加了一句，"早点回来。"你走向门口，望着他们，呆了呆，想起来这句话是以前小孙女每天跟你念的一句。这时候，你才知道你曾经被人如此等待过。

"我们晚上回来给你庆祝哦，您老可终于解放啦，而我们，路漫漫其修远兮……"清亮的声音还飘荡在空中，门"咚"的一声关闭，连同外面的世界一起被关掉。今天起，那个忙碌的世界不再属于你。

你在屋里踱了几步，完全不知道该干什么，昨天这个时候你比他们还先出门。今天，好像是个很特别的日子，可是该做点什么呢。你看到餐盘里孙女急匆匆吃剩的半个鸡蛋，丢了怪可惜的，你慢慢地坐回餐桌前，就着牛奶，慢慢地把那半颗蛋吃掉。好像从来没有那么认真地吃过鸡蛋一样，你现在终于有大把的时间可以慢慢地、慢慢地吃半颗鸡蛋了。

"我要去买菜，你去吗？"

"哦，不，不去，我要……"话落到半空，你愣住了，以后应该跟着老伴一块去买菜吗？你好像有很久没去过菜市场了，一大早去菜市场，这就是退休的标志吗？

这下屋里只剩你一个人了，你又听到了机械钟嘀嗒嘀嗒不紧不慢的声音。你慢慢地收掉盘碗，洗完，放进碗柜。又走出来，左右看看，孙女的书散在沙发上，儿子的外套横在椅背上，你一一归置好。家里很干净。你有个很勤劳的老伴，花已经浇了，地已经扫了，好像没你什么事似的。

你泡了壶茶，又在屋里转了两圈，想给谁打个电话，却发现他们都在上班，而那些没上班的老人们，此刻你却有意无意不太愿意想起他们。

你坐到书桌前，拿起纸笔，写几个字吧，你对自己说，也许可以把以前丢掉的一些爱好捡起来。"周一，晴。"你慎重地、稳稳地写道，仿佛是一个什么重大的历史事件。你掸了掸纸，上面有一个细小的茶叶末，你慢慢地用食指尖沾掉它，再掸了掸纸，不紧不慢地接着写下去，"昨晚睡得不太踏实，楼下的什么鬼机器咕咕咕响了很久，楼上的高跟鞋也很讨厌。马桶的声音好像不太顺畅，该修理了。儿子什么时候开始打呼噜了，是不是枕头太高。鱼缸该加水了，一晚上哗啦哗啦的，吵死人了，偏偏他们怎么都能睡得着。房子的隔音太差，不知道能不能解决。机械钟还是不好，夜深人静，嘀嗒嘀嗒催得人心烦。"

......

这是无数日常中的一天，却是我们每个人都有的一天。我们的某个生命阶段就在这样的序幕中拉开。

尼采说人生可以分为三个阶段，第一个是骆驼期，第二个是狮子期，第三个是婴儿期。

在一望无际的茫茫沙漠，烈日横空，黄沙柔顺地起伏，黑色的甲虫快快地从沙里爬出来绕一圈又匆匆忙忙地离去，几株零星的草在偶然的风中招摇。骆驼不发一声，默默地看着远方，一步一步地前行，丈量着整个旅程，只偶尔打个响鼻，留下一串坚实的脚印。这就是我们的青少年时期。面对着整个人生未知的旅程，所有的豪言壮语都只能用沉默忍耐的前行来筑成。一切才刚刚开始生长，我们学习和储备，忍耐着骄阳和沙暴，忍耐着劳累和单调，用大把的时间来思考和想象，用长久的勤奋撑起对未来的好奇和向往。这时候，整个世界只有一个目标，前进，前进，前进。

穿过空无的沙漠，我们来到了茂盛的森林，这里有繁花似锦，也有毒虫恶兽。太阳晒不透所有的阴霾，春风也吹不进所有的巢穴。胆小者在这里瑟瑟发抖，寸步难行。懈怠者流连尺寸之地，看不到森林的宝藏。只有森林之主——狮子，以勇猛面对一切厮杀，以拼搏闯过所有险滩，危机重重，威风凛凛。这就是我们的中年阶段，狮子期。经过骆驼期的勤奋积累，我们终于蜕变成勇猛的战士，承担全部的重担，施展全部的才干，担一方之责，护一家平安。

最终，历经风风雨雨，饱尝世事艰难，一切的奇怪不再奇怪，一切的风光也不再风光，唯有满身的伤痕成了生活的军功章。曾经的雄狮不再闯荡，慢慢地化成一个婴儿，平静，安宁，需要人关注，需要人呵护，直到生命最后的港湾，温柔地安眠。这就是我们的老年。

人生好像只有这样三个阶段，年少学习，年轻拼搏，年老休息。

果真如此吗？

一、何为三段式人生？

每个人的时间规划与人生阶段，在很长一段时间内，都被误以为是一件自然而然的事，那不过是因为，我们总是以父辈、祖父辈的生活作为人生模板的参考榜样来观察、思考和效仿。如果我们把目光推进得更长远一些，或者更宽广一些，就会发现，时间规划与安排实际上更像是一种习以为常的社会结构。

当农业还是绝大多数人的生存根基时，儿童期几乎是不存在的。根据尼尔·波兹曼的研究："事实上，如果我们把'儿童'这个词归结为意指一类特殊的人，他们的年龄在7岁到——比如说——17岁之间，需要特殊形式的抚育和保护，并相信他们在本质上与成人不同，那么，大量的事实可以证明儿童的存在还不到400年的历史。"[1]一个孩子跟在成人身后参加力所能及的生产劳动是农业社会中很常见的情景。在漫长的历史进程中，我们没有儿童成长发展的概念，也没有今天这样完备的学校教育，更没有学校教育是为进入成人世界做准备的概念。儿童跟成人一样

---

①引自［美］尼尔·波兹曼：《童年的消逝》，北京：中信出版社，2016。

地生产劳动，变成成人，变成老人，直到死去，没有退休，没有养老。

工业革命彻底地打断了这种传统的模糊的时间结构与社会结构，制造出受监管和标准化的超长工作时间，进而制造出职业教育、集中工作和休闲离去的明确区别。鲜明的时间节点、年龄隔离和生活内容的隔离就此产生，人们的人生作息进入了结构鲜明的三段式模式。

三段式人生，是指把人的一生，按照生活状态，分成"学习成长—工作付出—退休养老"三个不同阶段。每一个阶段，根据不同的年龄范畴、生活的内涵和外延，呈现出不同的目标性和功能性，也形成不同的规范和局限。这是一种单向的线性发展模式，许多人遵循这一阶段顺序，按部就班地完成。很多组织机构的建设，人力资源的选用管理，相关政策法规的制定都建立在三段式人生的基础上。

图 2-1　三段式人生状态

（一）学习成长阶段（0 ～ 28岁）

从出生开始直到求学结束，这是生命从最为脆弱的样子逐步生长到强健的阶段。由于在工业革命后孩子被隔离在工作场合之外，这个阶段，就在实际生活中，被塑造为一个完全依赖供养而生存的状态，在中国，这主要是由家庭供养的形式来完成的。在这个阶段，我们都必须依靠帮助才能活下去。

在当下的中国，通过国家的适龄入学（6岁或者7岁，此处有地域和历史时期的差异）和九年义务教育制度，幼儿、儿童、青少年统统彻底地被排除在工作场合之外。这就形成了第一个明确的时间节点和年龄隔离，18岁。最起码，从2岁到18岁，成了我们恒定的人生准备期，也成了孩子与成人最基本的区隔。然而，事实上，在当下这个时代，随着大学扩招、包括硕士研究生扩招、博士研究生扩招等政策的实施，很多家庭的孩子并不会止步于18岁，他们会继续在教育上投资时间成本，4年大学本科教育，3年硕士研究生教育，3年博士研究生教育。如果有可能，中国的父母总是默认为必须支持孩子继续求学，不惜一切代价增加孩子的就业砝码。在这样的情况下，在最顺利的条件中，我们的人生第一阶段最长可以是，从新生儿至婴儿期2年，托儿所至幼儿园4年，小学6年，中学6年，大学本科4年，硕士研究生3年，博士研究生3年，共28年。不论是现在的28年，还是父辈们的9年到13年（当代历史上，曾实施过一段时间"5+4"年的"小学+中学"制），显然，这都是一个漫漫的人生准备期，一个像骆驼一样忍耐和储备的阶段。

这点和西方社会不太一样，西方的部分家庭真的按照18岁作为成人的界限，在18岁以后要完成学业，必须自己参与到社会工作当中去，去获取继续学习的必要生活费、学费。当然，这也与社会提供的就业环境有关系。在西方国家，学生一边读书一边工作的现象比较普遍，整个社会也习惯了给学生提供兼职的机会。相较而言，中国的学生则呈现出一种纯粹的求学生活，我们将其称为"两耳不闻窗外事，一心只读圣贤书"的"象牙塔"生活。受传统文化的影响，我们通常都认为读书人就应该专注于读书，不应该分心去参与社会生活，尤其是生存部分。中途退学、休学都被认为是无法应付学业，被认为是在学习上表现不好而被迫放弃，甚至会被判定为人生输家，被人瞧不起。这和西方的教育环境完全不同，西方的大学，学生自己可以自由选择休学，可以有多种申请大学入读的方式。在硅谷，修学后选择创业而成功的例子很多，比尔·盖茨就是其中之一。这在中国，是难以想象的。迄今为止，中国的学习生长阶段都还是以家庭供养为基础，按部就班，一路往上的单向线性发展模式。

在中国，有一个流传很久的人生笑话，是这样的——

一个记者来到农村，看到一个孩子在放羊。

记者问："你为什么放羊？"

孩子："为了赚钱。"

记者："赚了钱干什么？"

孩子："娶媳妇。"

记者："娶媳妇干什么？"

孩子："生娃。"

记者："生娃干什么？"

孩子："放羊。"

大家通常都会笑话这个放羊娃的循环人生，然而很遗憾，我们自己就在这个循环之内，只不过把放羊换成了学习。我们从小所受的教育总是"好好学习、天天向上"，小学时"好好学习、天天向上"为了考个好的初中，初中时"好好学习、天天向上"为了考个好的高中，高中时"好好学习、天天向上"为了考个好的大学，大学时"好好学习、天天向上"为了找个好的工作，工作时"好好工作、天天向上"为了结个好婚，结婚后"好好经营、天天向上"为了生个好娃，然后让他"好好学习、天天向上"考个好的中学，考个好的大学，找个好的工作，结个好婚，生个好娃，再接着……

谋求生存和职业培养，这就是我们在"好好学习、天天向上"的人生阶段常常会呈现出的目标性和功能性。在这样的过程中，我们大致会呈现出如下一些共性和局限。

生理心理方面，初步完成生理心理的成长。基本有一个健康的体魄，大多数人尚未养成主动进行规律锻炼的习惯，采取一边伤身一边养生的日常生活方式；很多人尚未完成精神的断乳，也就是未能通过长远人生的规划和必要的实践经历完成人格精神的独立，以致在年龄成年后还可能心理如巨婴。

知识技能方面，初步具备职业所需基础知识技能。职业所需的实战经验、高级技能、综合能力匮乏，后继仍需大量的试错与学习；在信息大爆炸、AI的冲击之下，有的知识迅速被宣告无用，毕业即失业，就业成本（青春与金钱）被不断拉高。

人际关系方面，具有基本的社交能力。人际关系作为幸福的来源、人格充分发展的基础，在整个教育中一直被边缘化，甚至被忽略。如何构建亲密关系、家庭关系、社交关系一直处于随机野生的状态，需要在实际生活中通过实践和试错来"自学成才"，甚至不排除有时候学费过于高昂——婚恋的屡次失败，乃至生命的丧失。

人生目标与三观体系方面，大多数人采用"流水线"式的生活目标，即学习—工作—婚恋—生子—养家—养老；只有很少部分人具有清晰的人生目标，并在其后孜孜不倦地朝着目标努力；绝大多数人在这一时期所具有的三观都是零散的、片断的、未经反思、选择和实践检验的，因而可能是混沌的，甚至矛盾冲突的三观。

在这个学习成长的实际生活中，大多数人按照自己出生时所在社会的传统行事，模仿祖辈与父辈的表现来表现，参照他们的社会阶层或职业规则来行事，以他们的生活样式和要求为自己人生模板的选项，遵循这样的发展顺序，稀里糊涂地过完自己的这一阶段，甚至一生。大部分人不太知道真正的人生方向，也就不太明白学习和成长阶段的意义，不可能考虑到自己现在的学习和将来的中年、老年生活有怎样丰富的关系，至于更高层级的三观体系和事业理想则陷于"口头禅"的形式，在实际的成长过程中被架空和被放弃。除了知识技能的学习，同学友谊及至爱情是这个阶段最丰硕的果实、最值得珍惜的宝藏，这份无形资产将贯穿我们一生，是我们幸福感的重要来源，是我们延续精神生活的重要支撑，然而在学习过程中我们却很少关注这个问题。我们被告知来学校唯一的目标就是来学习知识的，是来"物竞天择、适者生存"的，是来竞争淘汰他人争取最终获胜的，那些诸如同学友谊与爱情的建构、社会的合作性等极少被提起。不幸的是，这些最为基础的关系建构能力最终会直接反映到关乎我们一生幸福的婚恋问题和职场社交上，如何选择伴侣与如何选择朋友，如何经营亲密关系与如何经营友谊，如何进行团队合作与如何建设人脉，都成了教育的空白。于是，在这样一种关系建构力薄弱与家庭供养的双重夹缝下，即使现在允许大学生结婚，大学生谈恋爱，但是走向婚姻这一步却很困难。大部分人无法准确把握对自己的定位，对他人的定位，对婚姻家庭的定位，再加之没有独立的经济基础，这一阶段的婚恋社交就像建在沙滩上的大厦，一包盐和一袋米都可以把大厦轻易摧毁。因此，虽然我们在学习成长阶段投资的时间精力越来越多，但大龄单身、离婚率攀升、孤独死等现象却成为一种越来越严重的社会现象。遗憾的是，我们并未意识到这一危险之源，只是按照三段式人生的固有思维关系，把婚恋社交问题推到工作阶段去解决，以为可以像求学一样按部就班、顺理成章，却不知道，这些在年少欠下的课要在成年后通过多年的挫折，甚至人生轨迹的剧变、失去健康来补课。

这种人生架构迷糊状态的表层原因是教学体系中大部分的学习内容都是知识性的、技能性的，不太会涉及这些社会学内容；深层原因则是随着我国经济的高速发展，我们已经处于后工业时代，但我们却还没有从工业革命造就的三段式人生中解放出来，我们的学习规划和课程体系都还是围绕为工业社会提供优质技术工人这一目的而建设起来的。我们还没有走到真正思考建构人的幸福一生这个层面上来。恰恰就是在这个层面上，在全中国半个世纪辛勤的经济积累的基础之上，美好的未来是可期的，人生的规划是可思考的，人生的意义是应该被赋予的。

那么，如果在未来，营养、抗衰、疾病攻克、生物科技与基因研究等高度发展的情况下，人均寿命达到90岁、100岁、120岁，甚至以上，28年的人生准备，够用吗？幸福这门功课又应该在人生的哪一个阶段好好学习、好好准备呢？

（二）工作付出阶段（28 ~ 60岁）

农历的六月是最忙碌的季节。沉甸甸的麦穗将被喜悦的农民用弯弯的镰刀愉快地割下来，男男女女在火热的阳光下依然一边高声谈笑一边利落地劳作。孩子们飞奔在田间地头，充满欢愉与激情，有的在捆大人们割下来的麦子，有的在收完的麦地里捡麦穗，有的在檐下摇着脱谷壳的风车，有的在耙晒在垫席上的麦粒。老人们乐呵呵地招呼着来帮忙的邻居亲友，准备着茶水餐饭，时不时从灶房出来，冲着地里忙碌的人群吼一声"喝水咯，泡猪鼻拱和马鞭草，消暑祛火"。等到黄昏来临的时候，劳作一天的人们聚在一起，松快地吃着主人家特意准备的大肉，谈着今年的收成，远近的笑话，古来的故事。孩子们自由自在地在院坝里散着，听着大人们的龙门阵，玩着石头，捉着虫子。一阵盖过一阵的笑声将宿鸟惊飞，将月亮惊起。这是农业生产最典型的一幕，在这样的生活中，我们的劳作就是我们的生活，我们劳作的地方与我们生活的地方密切相连，基本都不会太远。于是，我们的工作与生活也就密切相连，无须特别区隔。

然而，工业文明建立的最大基础就在于大量脱离土地耕作的劳动力，这就形成了当代社会的典型生活情景。早晨，一家人匆匆吃完早餐，成年人快快将孩子送到学校，然后自己再赶到工作地点开始一天的工作。大多数情况下，人们会在中午拥有1 ~ 2小时的午餐休息时间，但绝大多数人是来不及回家而只能选择在工作地点完成这一内容的。一直要到下午5点甚至更晚，人们才能从城市的各个不同方向回家集合，开始家庭生活。也就是说在这样的一天之中，至少有8小时，一个家庭的不同成员会处在完全不同的空间和不同的工作内容中。如果再算上交通的时间，那么这个数值有时候会上升到10小时甚至以上。这里面还不包括各种加班、工作准备与工作型社交等情况。那么真正属于家庭生活的时间与空间就变得极其有限了。就在这寥寥无几的时间中，再减去睡觉的时间——人均7小时，那么真正属于家庭生活共享的部分就更少了，最高数值也不超过7小时。也就是说，我们每天的大部分时间不是在工作就是在去工作的路上，并且是每天最整块、最大段、最优质的时间，而生活则只剩下零碎的边角料时间。

很显然，工业文明不但导致我们的人生阶段发生了巨大变化，也导致我们的日常时间结构发生了巨大变化。我们再也不像农业生产时那样工作与生活密切相连了，我们的工作内容与生活内容明显区别，工作的地方和生活的地方明确区隔，工作环境和家庭之间变得泾渭分明。工作几乎取代生活成为我们最重要的人生内容，工作付出阶段成了我们最重要的人生阶段，工作所呈现出来的生产价值和生产率成了我们最重要的价值评判标准。我们每个人都是这样忍耐完求学阶段的束缚就进入工作付出阶段，几乎没有别的选择。在人生的第二阶段，我们一般会经历三个时期：工作适应期、自由工作期、工作倦怠期。

1.工作适应期

忐忑与激情共舞、笨拙与聪慧同生——初入职场开始迅速成长，工作技能从苍白到丰富，职场关系从忧虑到清晰；生活上，生理吃着健康的老本，极少部分人会有意识地管理自己的身材，但总体这一阶段不会太用心考虑健康问题；心理在各种实践冲突中反思，顺利的人逐步走向独立的人格精神，不顺利的将成为逃跑者（含自杀、精神疾病、啃老族等）；各式的生活目标开始按部就班提上日程，稳步涨工资或者跳槽涨工资，婚恋关系从悠哉悠哉到迫在眉睫、直到相亲或者恋爱开花结果，生养孩子、孩子求学；在这一过程中，有的人逐渐放弃自己的人生目标，有的仍苦苦坚持，也有很少的人开始困惑自己的生活为什么显得随波逐流地忙碌；三观体系在实践中，尤其是在人际关系中，在各式角色的扮演中被反思，或者被冲突，甚至撕裂，有的人顺利建立起自己的三观体系，有的人可能会完全打破重建，也有的会一直冲突分裂到下一个阶段，成为人生长久的逃跑者。

在适应期，我们会经历新鲜但又很担忧的过程。我们会想尽一切办法去适应和学习别人，尤其是在读书期间缺乏社会实践的人们，则要同时面对建立工作心态、工作技能、社会活动圈层的问题。就带给我们幸福感最重要的人际关系而言，这是同学友谊逐渐消失、同事友谊还没有完全建立的阶段，也是婚恋的高发和关键阶段，友谊的诉求演变为爱和被爱。由于工作初级阶段的接触面较窄，大部分人的生活半径是工作单位和家，婚恋的范围也就常常限制在亲友关系和同事关系中，可选择范围非常有限。虽然依托当下各大交友平台与婚恋机构，人们努力拓展了选择范围，但由于前一阶段的教育空白，大部分年轻人并不具有清晰的判断能力。此外，基于时代背景、经历、观念的不同，父母的经验被忽略也是普遍现象。"看脸求偶""看钱求偶""看感觉求偶"成为重要的婚恋标准，这为后来的高离婚率埋下伏笔。

总的来说，这是个慢慢过渡的时期，是个需要理解和支持的时期，是个充满挑战和刺激，也是充满辛苦和进步的时期，是一段虽然忙碌却令人望而却步的岁月。

2. 自由工作期

热情与稳定同呈、生机与危机渐生——职业稳定发展，工作技能越来越娴熟，经济基础逐步稳定丰厚，有的人停止学习，也有人在这一阶段开始新的学习，不断提升自己；生理上，健康问题开始出现，有的人彻底放弃身材管理，有的人开始重视健康管理；心理状态大多趋于稳定，呈现积极进取的状态；人际关系基本建构起来，应对人际有了自己的方式和准则，家庭成为奋斗的基石，教育孩子与赡养老人的压力逐步上升；生活目标简单清晰，或者逐步靠近远大的人生目标，个体的三观体系基本建构起来，有的人甚至开始走向固化。在前一个阶段的逃跑者有的继续逃跑，有的开始被迫改变。

经过前一时期的适应和模仿，到了自由工作时期，工作是大家最能应付得来的，但是人生的方方面面才正式展开，故而面临着各式各样的压力，比如职位晋升、子女养育、父母赡养，等等。在职业晋升上，一面是夯实职业技能，一面是投资工作式社交，业余时间恰恰是最繁忙的社交时间。这一时期，有的人会后悔当初学习阶段没有学好英语，始终拿不到博士学位，造成阶层晋升障碍和困难；有的人会后悔当初因为年轻气盛，影响晋升的机会；更多的人会采用无序加班、熬夜加班来换取报酬，给身体带来隐患和损害，然后，又后悔没有早点养成一个锻炼的习惯或者趁早爱上一种体育运动，而造成现在身体上的不如意。在社交关系中，大多数人已经有了相对熟悉的同事或者工作伙伴，如果运气较好，还可以把同事和伙伴发展成为朋友。最熟悉的圈层逐步由同学友谊圈层演化为同事友谊圈层。如果在这个过程中，工作很顺，但是圈层建立不够顺利的话，生活的幸福感会大打折扣。家庭生活中，生活的内容开始变得庞杂，生存的压力与家庭建设的压力同时出现，很容易形成"上老下小中间吵"的局面。这些生活的具体问题时时刻刻都在发生，如果处理不好就会面临亲密关系疏离、家庭关系冲突、孩子学习不如意，甚至家庭变故、婚姻离散等问题。有的人开始理解"门当户对"的重要性，有的人开始体会"三观不合"的痛苦，有的人开始自我放逐，有的人疲于应付当下的紧急问题，拼命干活，应付不过来的就只有把本应该安享晚年的父母拉下水，陪着对付银行的房贷，或者其他生活重担。

总的来说，这是个渐趋稳定的时期，也是个压力频发的时期，是个需要家庭协同作战、互相扶助和妥协的时期，是一段虽然危机四伏却又可以硕果累累的岁月。

3.工作倦怠期

乏力与瓶颈偕来、放逐与突破博弈——职业的天花板频频出现，工作机械化重复，奋力一搏的雄心与风险一样大，大多数人已经彻底停止学习，只有很少一部分人还在精进；生理上，健康问题越来越多地出现，开始有各种疼痛与病变打扰正常的生活，不锻炼的人更加不愿吃苦，坚持锻炼的人开始显示出优势，表现为更积极更有活力；心理上，开始回顾人生，担忧身体的衰败，迷惑自己碌碌一生究竟何为，少部分逐步完成自我整合，表现出从容不迫；人际关系有了质与量的保障，幸福的家庭生活开始变得越来越重要，而不幸的家庭也越来越沉重冷漠；人生目标与生活目标终于清楚地呈现出不同效果来，坚持流水线式生活目标的人开始等待退休，坚持人生远大目标的人开始有所成就，并继续奋斗；三观体系，有的人开始接受国学，有的人开始接受各种心灵课程，大家开始或隐或显地寻找心灵的港湾，之前的逃跑者基本彻底放逐自己，沉浸于随波逐流地老去。

到了50岁左右，由于常年工作的疲惫，健康开始退化，对生活的新鲜感开始下降，工作价值吸引力下降，人们逐渐变得不再需要工作来证明自己，开始倦怠于工作。大部分人上升无望，前路平淡，开始凭借前期工作经验和人力资源应付一切，出现中年疲劳症状，"油腻的中年人"变得不可避免。社交生活与家庭生活都基本固化，很多人的生活最终只是在日复一日的麻将、酒宴或者短期游乐的循环中，开始等待退休时刻的到来。然而，一旦退休协会的老年人活动对他们伸出邀请的橄榄枝，他们又觉得好可怕，于是又动一动、折腾一下，或者继续在更多的游乐中，假装看不到老的苍白。

总的来说，这是一个倦怠又慌张的时期，也是个活力渐失的时期，是个希望日趋衰微的时期，也是个急需重获希望的时期，是一段靠近人生目标又需要重新找到人生方向的岁月。

那么，人生真正的方向在哪里？下一个阶段会是什么样子？顺理成章的退休是顺理成章的幸福吗？我们的哪些行为在助长退休的悲哀呢？我们到底能为自己准备点什么？

（三）退休养老阶段（60～90岁）

在传统的农业生产中，由于劳作和生活内容密切相连，人们并不会有一个明确的退休年龄，也不会有明确的日常内容转变。人们会持续进行与身体状况相匹配的劳作，就像宋朝诗人辛弃疾所说的那样，"人生当以力田为先"，人们会将这种农业劳作式生活一直进行到身体无法负担任何农业劳作为止。因而，纵使生命日日老去，但在四季轮回的春生夏长中，人们依然能获得一种生活一直忙碌在生长状态的宁静感，这会给老年阶段一种特殊的借由劳作和农作物生长而感受到的生机与活力。天人合一，这是中国人在长久的农业生产中最具生命力的精神抚慰。

在工业生产中，由于工作环境与家庭环境、工作内容与生活内容都明显区隔，工作与休闲的区别也就非常明显。大多数工作单位都鼓励退休休闲，并且通过发放养老金，彻底将这种退休休闲模式固定下来，使人们的阶段区隔变得正常化。大多数工作单位会假定员工将在60岁左右结束全职工作，60岁以上的人被视为"老人"，人们觉得他们或许无法应对工作中涉及脑力的挑战，尤其是在这个知识大爆炸的信息化社会里。于是，人们在"退休"之时常常会出现"硬着陆"，直接从工作中离开，没有过渡，没有"前途"，从某一天开始，工作的内容彻底被抽空。也就是说，在前一阶段，我们用32年建立起来的"大时间块"工作习惯将被彻底砍断，原本每个工作日用于工作的8～10小时连续的、最好的大时间块就这样硬生生地被空出来，成为多出来的"休闲"时间。如果这时候孩子们都顺利建设了自己的家庭，甚至独立出去，那么家庭劳动所占据的时间也会降低。这就意味着，60岁的人会突然多出每天10～12

小时的"休闲"时间。而在我们整个第一阶段和第二阶段，都没有好好思考过、学习过、设计过、培养过应对休闲时间的方式和办法，人们就这样野蛮地被抛入随机休闲的生活中去了。

这就是三段式人生中的第三阶段，退休养老阶段。对于绝大多数人来说，一切将停止生长，唯有衰败日复一日地发生。

工作技能——从工作岗位上"解脱"或者"被抛弃"，被宣判"自由"或者"无用"与"不需要"，很多知识技能开始失去效用，信息化、数字化、人工智能，似乎有更多的学习机会，却也更容易落后于时代。有极少部分人还能用自己的工作技能继续发挥光和热，也有少部分人开始通过社会群体结伴学习、培养一些兴趣爱好，更多的人是迷迷糊糊地通过纯消耗式娱乐度过每天，再也不会想要学习和工作。

生理心理——生理不可遏制地衰老，疼痛与药物成为日常，必须承受生理功能丧失的心理打击，无力、无能、无用、衰败与死亡的感觉日日逼近。开始依赖外界的扶助，却又常常得不到足够的扶助。

人际关系——要么基本固化，要么随子女迁移不得不重新建立朋友关系。一方面，家庭关系、友邻关系成为最终的幸福来源，幸福的仿佛一直幸福，痛苦的仿佛提前进入坟墓；另一方面，开始一一地送别多年的老友，一次次面对死亡的演习，逐步敲碎本就稀缺的积极与生机。

人生目标与三观体系——大多数人基本不再谈人生，更不谈目标，在死亡的传送带上，一切开始变得空幻。三观体系基本趋于平淡冲和，但也有的人变得更加愤世嫉俗，难以相处。当然，一些凤毛麟角的人会重新绽放出生命的活力，开始个体新的征程，或者将小我放进大我，生命不息、奋斗不止。

这一阶段，常常是在激烈的退休工作的争吵中，从无所事事的工作岗位上退下来。原本每天有规律的被填得满满的生活突然被抽空，没有人催着开会、没有人等着汇报、没有人监督你完成任务、没有人围着你转来转去……你完全没有准备好，就从被需要的生活突然变成可以随意安置的"自由人"。当你习惯性地准时起床，提着包准备去上班，却发现不知道往哪里去。那期待已久的自由人生活真的到来时，你却感觉无所适从。孩子们都去上班了，老伴儿打麻将去了，同事各忙各的，一退休都散了，剩下孤独的你，你该怎么办？没人教你怎么办，那就看看别人怎么生活吧：遛鸟、下象棋、打麻将、钓鱼、跳广场舞、旅行……你开始不得不做准备，尝试着加入跳广场舞的队伍。你虽然不满意，但是你没办法，你没有更好的选择，尽管你想找到更适合自己的方式，想看到更多的选项，但是没有人理会你的需求，大家都忙于解决他们自己的问题，留下和你一样的一群人自己折腾去吧！

这也许就是"退休""养老"的内涵吧，既然是退休，就应该退下来去休息，不用去管人家的生活，当然人家自然也不会来管你，也管不到。后来你慢慢明白了，既然是养老，就应该安安静静地保养、安安静静地老去，悄无声息地老去，不给任何人添麻烦地老去，你开始变得老实起来。回到家里看到子女压力山大的样子，你欲言又止，倾诉的话到嘴边又不得不吞回去，你不得不变得沉默寡言，到后来你干脆不说话了，提前享受老年痴呆的待遇……

再后来，身边的同事朋友，一个又一个地离开，你被一次又一次进行生命的洗礼，你开始灰心丧气，慢慢接受了死亡的邀请，感觉每一天都是走在去火葬场的路上，生的希望被一层一层地剥皮，剩下赤裸裸的干瘦的骨体……

在负责照顾你的人的不耐烦和鄙视中，你无能为力，你想动一动也无能为力，本来想给子女打个小报告，又怕被护理人员变本加厉地报复而心生畏惧，不敢吱声。你曾经投诉过，但是子女忙于生计，根本顾不过来，责怪和批评几句也就过去了，生活该怎样还得怎样，这也许就是生活的真相……

难道就没有更好的选择吗？难道只能这样活着？60岁真的必须被社会抛弃到边缘吗？我们的60岁能不能过得有声有色？如果人均寿命90

岁，这30年就是傻傻等待吗？如果未来人均寿命120岁呢，那将近一半的60后岁月是不是必须跟今天完全不一样？

二、聚焦三段式人生的老年生活

无论是最开始的产业工人，还是后来的自由职业者，在历史的发展中，人们一面享受着工业生产所带来的红利，即有限的劳动可以创造大量的剩余财富，这部分剩余财富可以用来支撑人们过一段完全休闲的生活，甚至可以完全支撑起整个第一阶段和第三阶段的生活，社会生活似乎从来没有对普通大众的日常勤劳如此友好过。另一面，社会生活恐怕也从未对普通大众的日常勤劳如此惩罚过，人们将在这一模式的代际循环中深受捆缚甚至异化。依靠工业生产建构起来的三段式人生中的学习、工作和退休的概念，最终会完全扎根于每一个人的意识，成为人们最常见的生活模式。许多人遵循这些阶段顺序，接下来的行动都确定无疑，可以预测，包括组织机构和社会策略也都顺理成章地建立在这一模式的基础上，并进一步加固这种模式。于是，当人们从第二阶段偶尔才有的脱离工作的休闲、进入整个完整的休闲阶段的时候，人们好像是最自然而然地沿用了这种生活，却又未必知道如何安置这段生活。退休就退出一大堆问题来了。

（一）人际圈层改变了

中国人的传统是安土重迁的，背井离乡在我们漫长的历史中都被认为是一件很凄凉的事，这种观念是基于我们的农业生产根基而形成的。土地是农民最重要的生产资源，所有的生产生活都围绕着一方土地展开，父子相继，代代相传。对一个农民来说，即使到了"退休"的年龄也基本不会离开这个地方。熟人社会成为典型的农村形态，人们的人际圈层一般不会因为年龄的老去发生剧烈改变。然而，在三段式人生中，人际圈层常常紧密围绕工作环境产生，这就导致在每一个阶段变迁的时候，人际圈层几乎都会发生剧烈变化。

一失一改：60岁退休开始，第一个面临的问题就是30年建立起来的共事友谊瓦解。由于工作原因建立起来的友谊，随着工作岗位的离开，大部分开始土崩瓦解，这并不是说工作关系全部是利益关系的维系与散失，更多是那些没有退休的人无暇顾及退休的人，他们疲于应付岗位上新出现的关系。中国古话"人走茶凉"是这一现象最真实的写照。此外，因为各种复杂的个体家庭原因，有的人在退休后不得不离开工作的城市，有的人选择加入其他的生活圈层，更多的中国式退休是回归家庭，帮子女带孩子、买菜做饭成了这个新休闲阶段的主要内容，甚至成了大家的必修课。

旧的人际圈层散失，新的友情重新建立，建立的根基大多不再以工作为纽带，而是以自己的休闲或者子孙的事务为圆心。如果能顺利建立就能从友情的陪伴中得到巨大的慰藉，如果建立不畅就是抽掉了人的一根精神支柱，将生出大量的孤独与呆滞。这是退休人面对的第一大挑战。

（二）方向没有了

三段式人生中，第一阶段和第二阶段的目标都是非常清晰的，然而第三阶段的目标却因死神的面孔让人不敢直视而变得模糊不清。如果年少的所有努力就是为了成长为一名职场精英，那么我们谁也无法接受，在终于成为职场专业人士甚至权威人士之后的目标，竟然是某一天突然变成一个专职休闲的"闲人"，那么之前的努力究竟有何意义，之后的人生还需要努力什么？目标和方向，这两个问题现在比前两个阶段更直接更残酷地摆到了退休人面前。

人生的每一个阶段，目标和方向都是让人充满斗志、充满活力、持续前进的动力。然而，当第三阶段来临时，以前每天清晰的目标、未来的发展方向都不复存在，哪怕是最简单的家庭和办公室单调的环线、职级的晋升都没有了。这看起来是不再有束缚，人们可以变得无限自由，实际上，"自由是人类遭受的责罚"，而"选择太多就是没有选择"，在绝对的自由当中，人们常常变得更焦虑、更无所适从、更盲目随机。到底该做什么，该朝哪个方向看呢？

由于缺失明确的第三阶段发展目标，人们前进的方向、全部的注意力几乎都只能聚焦于仅剩的焦点，那就是死亡。可死亡又神秘得那么可怕，没有人真的做好面对它的准备，甚至没有人愿意知道自己怎么面对它才是对的，人们仅仅是模糊地感知死亡的前奏是衰老和疾病，就囫囵吞枣地把健康乐活当成了第三阶段的重要目标。却不知道，生死一体，拼命求生的眼睛看到的恰恰更多的是死亡的影子，拼命求乐的人得来的恰恰常是生命麻痹大意的虚耗和挥之不去的忧虑。死亡就这样提前干扰了退休人的生活。

没有目标，没有方向，这正是消亡在发生的状态。

（三）自信心没有了

对于一个农业生产者来说，就算随着身体的衰老渐渐不能承受高强度的农业劳作，但他可以一直参与相匹配的低强度劳作，也就是说农业生产者一直都能参与生产生活，这是很显见的"我仍然有用，我仍然参与创造生活"的证明；同时，对于农业社会来说，农业的变化是缓慢的、甚至是稀少的，一个年老的农业生产者即使失去劳动能力，但他的那些关于农业生产与生活的经验仍然是年轻人必须虚心遵循的宝贵财富，这就成了在"我仍然有用"之上的进阶版"我被尊敬"的证明。至少在这两个层面，一个农业生产者即使面对年老，依然拥有足够的自信心，能坦然宁静地面对老年生活。

相较而言，在工业生产之上的三段式人生里，通过每天努力学习或者工作取得的成绩，人们可以逐渐重拾自信。"他们很忙碌且被需要，所以他们可能对自我和外部价值感觉更好"，有了这份自信，人们得以在工作中斗志昂扬地行走，坦然地被人尊敬，不会担心被人忽略、被人看不起、被人视为空气。然而，退休意味着，人们首先退出生产生活，打破了"我仍然被需要，我仍然参与创造生活"的信心；紧接着，随着当下科技的高速更迭，过去的经验不再成为年轻人必须遵循的财富，甚至恰巧成为年轻人首先反叛的对象，这就进一步打破了"我被尊敬"的信心。

对于大多数退休人来说，至少在这两个层面上，会首先失去自信心，紧接着就发现自己所做的任何事情或者成就，对于他人来说，好像都变得越来越不重要，越来越不需要关心了。退休人只好变得郁郁寡欢、沉默不言，或者拼命追忆昔日的辉煌来证明自己值得被尊敬，应该对自己有信心，从而能安全地面对老年生活。遗憾的是，这恰恰是弄巧成拙。

（四）精气神垮下来了

人的精气神总是在应对生活和工作的需求中不断被刺激而鲜活起来的。在农业社会，即使年老，人们依然会每日参加一些力所能及的农业劳作，在这样日复一日的劳作中，人们的心理变化也多是缓步趋于平静的，有时甚至还会在农作物的生长与收获中获得一种生命的鼓励。然而，在三段式人生的退休阶段，那些曾经看起来很烦躁很有压力的事情突然全部被抽空后，时间的大段空白随即带来心理的大段空白。如果没有合适的内容填补这份空白，大脑和心理就会同时缺少刺激而缺少动力，变得缓慢而懒怠起来。

同时，"一寸光阴一寸金，寸金难买寸光阴"，这是中国人耳熟能详的时间观，在这样的观念下，珍惜时间、让时间产生最大价值是我们一直奉为圭臬的诫命，因而，浪费与虚度就变得既可耻又可怕。然而在生命开始走向尾声的这一阶段里，时间，一方面变得格外珍贵，另一方面又好像被处置得非常随意，这让人既无辜又无奈，即使想要反抗也不知道如何下手，只生出无数无端的烦躁来。这烦躁，要么把一个曾经雷厉风行的职场精英打垮成一个整日抱怨唠叨的人，要么把人变成一个以释怀为名彻底放逐努力、放逐人生的人。于是，在缓慢和懒怠之上又加上怨念与老旧了。

这样的虚空感和荒芜感就像刺人的利剑，退休人的精气神在友谊的缺失、目标方向的缺失、自信心的坍塌之上，再经此打击，彻底开始垮下来。

（五）体质变差了

当然，无论是农业生产中的老人还是工业生产基础上的老人，健康问题好像都是世界上最公平的事，谁也逃不掉，但这仍然不一样。虽然在农业时代人们的平均寿命低于今天，但不可否认，适当的农业劳作仍然是一种有规律又健康的锻炼习惯，同时作用于人的身体和大脑。这对三段式人生中的退休者来说，就提出了新的难题。那些退休前看起来繁忙的令人讨厌的工作，在退休后才发现它有一个最基本的好处，就是不能轻易被打破的规律化生活。规律化的作息让身体机能随着它而生养变化，按部就班；规律化应对生产活动的压力让大脑在抗压与解压中循环发展从而保持大脑的运行活力；规律化的运动轨迹让身体与心灵得到基本稳定的锻炼。等到突然退休，突然没了强制的和谐作息、压力变化和运动轨迹，生物钟几乎彻底被打乱节奏，身体开始无所适从，频频释出危险信号。如果这时没有基础的健康习惯，没有应对衰退的健康心理，没有规律的健康生活样式，身体和大脑的衰败就会迅速发生。

　　不幸的是，在此基础上，个体对健康的高度关注、外界对老年健康的各种信息输出等都在给人们带来比前一阶段更多的健康焦虑。首先，绝大多数人并不能清晰地区别出老化、疾病以及不适这几个概念，仅仅是出于对未知的焦虑，人们就常常把不适当成疾病，把疾病当成老化，把老化当成死神的面纱，进一步哀戚和恐慌起来。事实上，"老化指的是身体会随着时间而逐渐衰弱，不可避免的自然过程"，"疾病指的是由医生与医学所定义的身体异常现象，有可能随着时间推移而导致问题出现；不适的最佳定义就是'生病'，身体失去功能或感觉不舒服的状态。身体不适通常是由疾病所造成的，虽然某些潜在的疾病或许不易被辨识出来"。[①] 因此，不适并不直接等同于老化，疾病也并不直接等同于死神，但人们常常就这样轻而易举地被不适或者老化吓倒。其次，今天的人们已经生活于被信息淹没的环境，各种信息源都在放大关于老化的问题，为了促销药物，疾病被大肆宣传；同时，医学的发达与医学的界定也形成一把"双刃剑"，一边治疗着疾病一边不停地打击着人们对健康的自信心。那些随着老化自然发生的改变，有时候并不必然会导致身体确实的不适，却越来越常被定义为疾病。那些通过参照大多数人的情况而得出来的标准，会霸道地宣告我们有某些数值稍微高于平均数，然后这就立刻被冠以某个疾病的名称。比如轻微的血糖升高，便从适龄症状变成了正式的糖尿病。随着年龄和使用而磨损退化的关节，会被不知不觉地命名为骨关节炎。随着年龄增长的轻微记忆力退损，有时则被宣告为阿兹尔茨海默症。

　　规律化生活的破坏、对健康的忧虑、混乱的认知、夸张的宣传、疾病的名称、精气神的垮塌以及真的疾病，这些夹在一起让退休人戏剧性地感受到"身体确实不行了"。

----

① 引自［美］丹尼斯·麦卡洛：《老年慢疗八阶段》，台北：橡树林文化，城邦文化，2019。

（六）时间变长了

虽然在实际的体验感上，我们好像觉得时间过得越来越快，然而随着医疗、环境、科技等元素的发展，今天人们的平均寿命确确实实已经高于漫长的历史时期。过去，我们会说"人生七十古来稀"，今天我们会惊讶地发现50岁的人可以保持20多岁的状态，70岁的人看起来像过去50岁的样子。即使我们感觉时间过得越来越快，但实际上对于大多数人来说，寿命却在变长。根据相关研究数据，20世纪70年代出生的人的平均寿命将很有希望达到95岁，并且，不出意外的话，这个数值还会稳定增长。按照三段式人生模式，60岁退休到离开人世之间的时间将会越来越长。对于某些按照三段式惯性活着的人群来说，退休后的人生将进入一种无梦想无方向无预期的浑噩模式，"吃饭赚钱，多吃几年饭，多领几年退休金"，凑合地过下去。谁也不知道自己还能活多少年，但却先选择了跟这无法预期的未来缴械投降。如果大多数人都能活到90岁呢？为什么真的活到90岁不能是自己呢？如果真的是自己活到90岁呢？

寿命的不断延长与退休生活内容的匮乏无趣将形成激烈的矛盾冲突。在漫长的30年里，一边恐惧着死神的到来，一边凑合着最宝贵的生命，这就是我们今天最常见也最重大的退休问题，是社交圈层不如意、目标方向丧失、自信心坍塌、精气神垮掉、体质剧烈变差等问题下的基础问题，是亟须思考和彻底解决，从而根本改变退休人生的问题。

三、痛苦的根源

基于三段式人生模式下的退休阶段，本是以发放养老金的形式，让人们享受自己多年辛勤劳动的补偿。长时期的休闲，也是让人们终于可以从劳动价值这个评价体系中解脱出来，从而纯粹享受自由生命的美好。为什么却会在实际生活中带来如此一些严肃而重大的问题呢？为什么人们常常在实际退休生活中难以获得真正的愉悦与宁静呢？

（一）对人生整体性认识的缺位

通过放羊娃和"好好学习天天向上"的循环人生，我们可以看到，在普遍的中国人的思维中，人生目标与发展方向的考量长度大都到走上人生巅峰为止。好像所有人一直都过着一种准备式的生活，第一阶段的努力是为了顺利进入第二阶段，第二阶段的努力是为了走上人生巅峰，而第一阶段和第二阶段全部勤奋和拼命都是为了去第三阶段享受人生。求学阶段，教师们总会鼓励学生"等考上大学就好了"，然后要求学生放下玩乐好好学习；真到了大学，学生们才发现本科毕业可能根本找不到好工作，只好放下玩乐好好学习继续武装自己；等到了工作阶段，衣食住行哪一样都需要放下玩乐好好努力才能换来，于是，年轻的时候，人们总是不无艳羡地对退休人说，"哇，你解放了，你彻底自由了，我们就不行，我们还得继续奔波啊"，然后掐指一算自己还有20年、30年才能退休，就觉得工作简直是一场漫长的服役。

这样看起来，第三阶段好像一直都在人们的思考中，然而，事实上，第三阶段只是以一个解脱者形象存在于人们的想象中。在整个第一阶段和第二阶段，人们并没有严肃认真又客观真实地思考过第三阶段，第三阶段在人们至少2/3的岁月里几乎是不予完整考虑的。

据说，有一次，弟子问孔子怎么看待死亡，孔子回答说："未知生，焉知死？"

在中国人的生活里，好像常常来不及思考第三阶段的问题？

不，不是来不及。

真相是，我们一直都缺乏对人生的整体性认识，既包括对横向的生活组成部分的整体性认知不足，又包括对纵向的人生组成阶段的整体性认知不足。

1.横向的不足：休闲的缺位

真正悲摧的是，我们从60岁起，将每天多出8 ~ 12小时的休闲时间，并且很有可能持续30年左右，而我们却从未被培养过如何真正地休闲。

在早期的历史中，典型的雅典式信仰认为闲暇时一个文明人自然会花时间思考和学习，因而希腊语的"学校"一词的意思就是"闲暇"，在尼尔·波兹曼的研究中，希腊人发明了"学校"这个概念是毫无疑问的。就连凶悍的斯巴达人将7岁的男孩子招进学校也是让他们共同训练和玩耍，读书和写字只要教一些刚够满足他们为国效力的需要即可。这显然与我们现在对学校的印象与定义完全不一样。事实上，从工业革命开始，人们必须经过专业技能的培训才能掌握使用机器的技能，学校的技能培训功能开始强化。随着科技改变生活，机械化、智能化的高速发展，需要通过培训掌握的技能越来越多；印刷术、计算机和网络的发展又让知识的产生进入爆炸式增长的节奏中，需要通过专门的学习才能掌握的知识越来越多。学校不能再是在玩耍休闲中思考学习的地方。学校成了专门学习知识和培养技能的地方。休闲这件事开始在学校中变得不太重要。而在中国，面对"万般皆下品，唯有读书高"的历史指导和"千军万马过独木桥"的当代高考现状，人们进入学校的唯一目的就是"好好学习，天天向上"，休闲彻底被漠视了。甚至，休闲不仅被漠视，还被冠以诸多不好的恶名，"玩物丧志""业精于勤荒于嬉""少壮不努力，老大徒伤悲""不好好学习长大就去捡垃圾"，这都是我们用来规范求学生活而扼杀休闲的诫命。

等到进入工作发展阶段，工作、睡眠与家庭义务已经占去了绝大多数时间，剩下寥寥可数的休闲时间还常常被工作式社交挤占。时间少、不知道怎么休闲成了工作阶段的常态。大多数人缺乏对休闲的认知和休闲方式的培养，只能选择市场所提供的常规选项。棋牌麻将、亲友聚会、影视娱乐、购物体验、旅行休养等休闲方式一被生产出来，人们就立刻迷迷糊糊地进入这些休闲消费中。短期的消费取乐成为人们应付休闲的主体方式，也几乎是唯一方式。

第一阶段对休闲的漠视和诋毁将休闲从人们的生活中边缘化（极端情况下甚至是妖魔化），第二阶段对休闲的迷糊浅尝将休闲塑造成粗放型消费活动（极端情况下会变成爆发式消费）。这被边缘化、被粗放对待的休闲部分，意味着几乎所有第一、二阶段的人都在习以为常地压抑着自己、压榨着自己。进而，自然而然地将所有休闲的希望都寄托在了第三阶段。正是在这样的基础上，我们却要迎来那将休闲作为全部生活主体地位的第三阶段，并且可能长达30年。无论从心理认知，还是具体内容上，我们都不得不承认，我们其实是很无知的。

事实上，每一种动物生下来就都有那种漫无目的地追逐乐趣的本能，长久保持愉悦的能力，对世界充满好奇的能力，能发现乐趣甚至创造乐趣的能力。然而，我们的现代文明得为此承担责任，为了生产，我们贬低了为了娱乐而娱乐的价值，将其斥责为浪费时间。我们把游戏探究变成教条学习，把自然玩闹变成竞赛比拼，我们先前所拥有的无忧无虑、自在游戏的能力，一定程度上为效率至上的狂热所取代，最终，我们失去了收获一种人生至高乐趣的能力，而之前任何一个时代都不会这样。因此，对于现在的人们来说，边缘化、粗放型的休闲最终要成长为全部的生活目标和人生内容，没有前期十足的认知和有条理的培养，实际上是很难做到的。

这很诡异，却很现实。

2.纵向的不足：老年的缺位

第一，学习成长阶段，人们对人生整体性认知缺位。在学习成长阶段，以考试为手段，以就业为目标的教育模糊了人的全面培养和长远规划，完整的人生，尤其是第三阶段人生，并不作为学习成长阶段展望未来时的整体考量目标和方向。

在动物的世界里，小生命出生后，为了活命，会使出浑身解数。好不容易活下来，但危险无处不在。在丛林法则的世界里，没有任何一个安全屋存在，所有动物都不知道活着的意义，除了没有像人类一样思考的智能，最现实的因素恐怕是因为它们根本来不及思索，活下去是需要时时刻刻警惕的唯一之事。在人类的世界里，孩子在出生后的好长一段时间里同样也面临这一问题，如何活下来。只有开始说话了，开始有判断了，思维出现了，一切才会开始变得有所不同。大人会教孩子一些基本的爬行、行走、跳跃等技能，然后开始教他们听话、说话、判断、分析、操作，再之上是知识与智慧的沿袭和运用。然而，在这些教导中，大部分的家庭教育都缺乏有意识的人生整体性展望和整体性意义的教育。虽然缺乏有意识的教育，但在中国古代农业社会基础上的大家庭生活模式中，这一点却常常经由无意识的潜移默化来完成。

在中国民间有这样一个耳熟能详的故事：老妈妈年龄大了，不能再参加任何家庭劳动了。有一天，儿子将老妈妈放进背篓，然后背着老妈妈往山里走去。一直走到森林的最深处，儿子才将背篓放下，把老妈妈抱出来放到地上，给了老妈妈一个饼，然后跪在地上冲着老妈妈磕了个头，转身离开。关于这个故事，有两个不同的结尾，一个版本说，儿子在转身的时候发现地上有一串的豌豆指示着来时的路，儿子明白了这是老妈妈偷偷做的记号。儿子就很生气地质问老妈妈为什么要偷偷扔豌豆，是不是想在他走后偷偷逃回家。老妈妈说："儿啊，妈妈怎么会那么想呢，妈妈是怕森林太大，你会在里面迷了路找不到回家的方向。现在好了，你只要顺着豌豆的方向就能回家了。"儿子听了妈妈的话，觉得很羞愧，在家里艰难的时候，他想到的是扔掉妈妈，而妈妈在生命的最后时刻依然想到的是自己。于是儿子又用背篓把妈妈背回家去，从此勤奋劳作，孝敬母亲。第二个版本说的是，当儿子把老妈妈独自丢在森林转身回家的时候，孙子出现了，孙子咚咚咚跑到奶奶身边背上背篓。儿子很诧异孙子是怎么来的，又为什么要背上背篓。孙子说："我看到您背着奶奶出门就偷偷跟着来了，想看你们去哪里玩什么好玩的。现在我看到了您是把奶奶背出来扔掉，所以，这背篓我必须要背回去呀，等将来您老了，我好用它来背您哪。"儿子听了孙子的话，惊得一身冷汗，深深懊悔自己的不孝行为，于是赶紧用背篓恭恭敬敬地将老妈妈背回家。

无论从哪个版本的结尾来看，这个民间故事都是在讲年轻人如何对待老年人的问题，同时在第二版本的结尾中，我们可以清晰地看到在这种聚居式大家庭中家庭教育是如何潜移默化地在发生。

在农业社会，人们常常会形成老、中、少、幼跨年龄的家族聚居。在同样面对农业生产为经济基础和关注内容的前提下，幼小的孩童、懵懂的少年、稳实的中年人会自然而然地朝夕面对老年的生活状态，即使他们未能清晰地认知，也能耳濡目染地见习老年人生，预测到自己的老年阶段，并为之准备好需要的农业劳作知识、家业经营知识、孝亲为老知识，以及休闲人生知识。然而，在当代的三段式人生中，一方面，三阶段的区隔让人们已经无法完全抄袭前辈的人生知识；另一方面，家庭单元分割得越来越小，三代同堂和四世同堂一样变得很少见，年轻人了解和参与第三阶段生活的机会变得越来越少。于是，这种依赖无意识地潜移默化来完成这一部分教育的机会也变得越来越少。

同时，作为重要补充的学校教育，也是把全部注意力放在知识的学习上，把通过知识的考试从而顺利进入下一阶段作为唯一的重要目标。也就是说，我们一直都只是在学习如何勇往直前，却从未学习过如何退而结网。这有点像中国传统的合伙作坊，只想到美好的未来，没有思考如果受挫后的退路，而好的企业不仅有进入制度，还设置有退出机制。退休生活就是一种退出机制。我们通过家庭教育和学校培养，大踏步进入人生，但是人生最终是什么样的结局，终极目标是什么，我们怎么从火热的人生阶段退出来回归到来路，在整个第一阶段的学校教育中，我们都很少思考，甚至可能也鲜有前辈负责任地去教我们思考过这个问题。

家庭有意识的整体性人生教育的缺失，潜移默化的人生整体性教育的缺失和学校对人生整体性教育的缺失，最终会形成整个社会层面上的人生整体性思维的缺失，并直接反映到人们的社会生活及相关机制上。

第二，受制于前一阶段三大教育的缺失，工作阶段会延续对人生整体性认识的缺位，从而形成对工作发展阶段唯一目标的认知。"生存是第一要义，活着，爱才有所附丽"，这是鲁迅先生写下的名言，事实上，绝大多数中国人在人生的第二阶段就是把生存本身作为唯一的目标，他们"养家糊口"，无暇他顾。大多数时候，人们会把自己的第三阶段给轻忽了。

通过漫长的学习和成长，我们终于走进工作岗位，紧接着到来的是新鲜的工作、新鲜的同事、新鲜的工作关系人群、新鲜的男女关系；然后是工作压力加大，家庭压力加大，经济压力加大，供房、供车、供子女变成重要生活的全部；再后来，子女长大、父母变老、自己身体变差……总之，整个工作阶段就像坐过山车，名目繁多的生活内容令人应接不暇，又压力山大，除了应付，人们好像真的无暇顾及其他。在疲惫的生活空隙里，人们只想把自己抛到沙发上好好地静一静，哪里有力气关注自己的老年生活和计划，最终，大多数人唯一为老年所做的准备只是由雇佣方或者自己按时缴纳养老保险。也就是说，人们在整个第一阶段和第二阶段下意识为第三阶段做的准备只有钱，以及想象中的解脱。

除此以外，第三阶段对大多数人来说好像不存在的样子，至少是遥遥无期的样子。要一直到临近退休的那几年，人们才开始慌张起来，才可能会认识到第三阶段是每个人生命的一部分，解脱只是一种错觉，人生原来是一个有机整体。

总之，没有哪一个中国人会认为此前所有的勤奋和拼命就是为了退休以后继续勤奋拼命，就像没有哪一个中国人会认为人生的第一、二阶段应该全部用来玩乐休闲一样。人生的第三阶段在一贯聪慧的中国人的思维中，竟然违反"事物是普遍联系"的这一规律，成了孤立的存在：一方面，在第一、二阶段拒绝培养日常生活中的休闲力；另一方面，在第三阶段又彻底放弃一、二阶段全力培养的勤奋工作力；同时，还惯性懒怠地拒绝将一生作为整体来考量。仔细想想，这真是一件奇异的事，可是它就这么发生了。人生的第三阶段竟成了既不再用工作力支撑，又没有足够休闲力支撑的无准备状态。一片荒芜之地。

我们难道不是一直向往这解脱的岁月吗？我们难道不是一直在为这一天好好享受生命而做准备吗？怎么一转眼面对的居然是什么也没准备的茫茫戈壁呢？

（二）对退休的消极暗示和被异化的价值观真相

很奇怪，大多数情况下，当老与死亡离我们很远的时候，这种远仅仅是指感觉上很远，我们都可以毫不犹豫地大谈特谈，相信自己绝不是一个贪生怕死的懦夫，该怎么样就怎么样。一旦这个问题变得切近的时候，不约而同地，连这组名词我们都希望能用别的东西替代掉。这在中国还构成一个典型的用词法，叫作"避讳"。比如，对一位年长者的年龄的正确问法绝不是"您多少岁了"，而是"您高寿"，这就是说绝不能用时间长度来提示"活着即老去"这个事实，而只能用"高寿"来暗示对方可以有无限延长的未来。遗憾的是，不管我们怎么避讳，养老与死亡好像总是联系得更多更紧密一些。在退休、年龄与死亡这一组问题上，我们大体有三种主流态度：愤怒当下、清心寡欲和永不服老。人们大体基于以下原因从这三种态度中择一而用。

1.退休与老的消极暗示：退休＝衰老＝废止＝依赖＝无用＝消耗

生，草从土地长出来，草木破土萌芽，新鲜的东西长出来，称为生。生，离不开三个因素，一"土"，一"草"，一"长"。"草"代表生命体，"土"代表生命之源大地，"长"代表事物不停发展的状态。草要不停地从土地上往上长，拼命地突破发展，才是生的状态。因此，草为了能证明自己还活着，唯一要做的就是拼命长出新叶片来。如果草不再努力发展，耷拉着脑袋，奄奄一息，一看就是枯草，结局也必然越来越枯槁，越来越远离生的含义了。这就趋近于老了。"老"这个字是模仿一个人弯着腰、披散着头发、拄着拐杖的样子创造出来的。虽然，事物一刻也不停地在发生变化，但"老"字显然已经不再像"生"字具有无限成长的生命之源与发展空间了。事实上，我们活着的每一天都在老去，只不过，年轻时的某些老去的变化让我们感觉那是成长和成熟，从退休开始，这些变化却让我们感觉到衰老，并拉开一系列关于衰老的不良感觉。

第一个就是退休本身。退，人遇山而返即为退。休，人困依傍大树而息即为休。从其本意而言，无褒无贬，代表着人们从工作生产中离开，进入以休息为主的生活状态。但在实际生活中，退出、退却、退化、倒退、离开，进入休息、休养、不干活、待着别动，在离开和休息的基础含义之上，这个词常常暗示着该工作者必须让位于年轻人、退出历史舞台的社会关系变化。也就是说，从退休那一刻起，甚至在退休即将来临的那几年，大多数人就被默认为无论思想和技术都不及年轻人，该让出生产资源与生产空间了。这其实是一件很残酷的事，对于一个在以生产为唯一目标的三段式模式中成长起来的人来说，生产即生长，退休则意味着剥夺了他的目标与方向，也剥夺了他的生命之源——能参与主体生产的权利。从这一刻开始，大家都成了被判离场、被抛弃的人。失去生命之源赐给我们的生命力，失去发展的机会和空间，退休就等同于衰老的号角，等同于宣布废止的红牌，这是退休给人们的第一个不良印象。

离开生产，进入养老，是退休的第二层含义。其中，养是供养，即用他人提供的物质把命保住；老是老迈，代表着身体的老化和衰弱。这里暗示的社会关系的变化是主体从一个主要的生产者变成了一个几乎纯粹被供养的消耗者，这给人们带来一种安乐，也带来一种危机。在一个以生产为价值导向的社会，供养关系在人们的生活中常常暗示着一种责任，有时候也是一种负担，相对应地，退休者就成了别的生产者该承担的那份责任和负担。这让每一个生产者可以对自己的未来有一定的安全感，服务于社会的人终将为社会所服务，所以我们都可以尽力为社会付出自己，一代又一代。对于社会体系运行来说，这是很理想的人类协作和整体循环。不利的是，在实际生活中常常会发生的个体的体验感是，对于曾经在第二阶段叱咤风云的人们来说，如果没有更多与社会连接而产生价值的机会，退休之后，人们就不得不退回家庭，成为依靠社会和家庭供养的一个"生活责任"，甚至是"累赘"。残酷的是，在这个过程中，自己曾经的经验被否定，权威或功绩被推翻，多年信奉的准则被质疑，理解事物的逻辑被批判，紧接着，从外部事物的失控回到自身内部的失控，身体的疼痛与衰弱，头脑的缓慢与迷糊，行动的颤抖与迟缓，心理的恐惧与无力，这些都在一点一点地强化着老迈、落伍、衰弱的感觉，也进一步强化着作为"累赘"的不良印象。如果没有足够的源自人际关系的关爱，人们很容易就会判定自己的一生不过是"聚散成败转头空"。也就是说，从退休进入养老，意味着人们将开始失去独立生存的能力，进入一种依赖生存的状态，并逐步进入一种纯消耗，及至昏聩无用的状态，这是退休给人们的第二个不良印象。在现有的生活中，我们太习惯于把退休与养老紧密联系在一起，这也就把退休直接与衰老联系在了一起，虽然这事实上并不符合当下社会的实情。"假如年轻时是我们人生中的高点，那么之后，我们就像从坡上滚落一样急速衰老。在这一过程中我们失去各种东西——这就是衰老带给我们的感觉。"①衰老带给我们的，绝非只有病痛与衰弱。不是自己看护别人，就是需要被别人看护。不仅如此，我们会失去充溢的活力，失去敏捷的行动，失去自主生活的能力，失去对光明的未来的希望，失去亲友，我们必须一一熬过这些难关和考验，然而最终，我们一切的努力之后迎来的是，这个世界的明天也许会来，但在那里，也许就再也没有自己了。在这个没有时间的岸边，我们分外难过和孤独……这是退休带给我们的最糟糕的印象了吧。

在我们长期的三段式人生中，第一阶段和第三阶段都被从生产环节判离，不同的是，第一阶段是为生产做准备的阶段，充满对生产的希望，第三阶段却是生产的离场，带着英雄落寞的悲哀。就像经济合作与发展组织对人们退休年龄的描述，"过渡到经济不活跃阶段的平均年龄"，如此一类的消极暗示叠加在一起，最终将退休塑造成了谁也不愿面对的尴尬收场，而不再是对生命宁静致远的温柔赞歌。而且，还远不止如此。

2.以生产率为标准的时间建构

在三段式人生中，6岁入读，22岁本科毕业可以进入工作，60岁退休，我们都自然而然地遵循着这一时间进程表，也就是说，我们都受着这个社会统一时间的约束，然而却未必认真思考过时间对我们的干预。如果说钟表消灭了人们对"永恒"的日常体验感和安定感，那么钟表也塑造了我们对时间与人生动态的度量方式和关注点。

在以农业为主要生产形式的社会生活里，极其精准的钟表时间在农民的日常生活中并不具有极其重要的意义。日出而作、日落而息，可以"坐茂树以终日"，也可以依时节而动，用二十四节气指导春生夏长秋收冬藏的各项活动，差错几天也没有太大要紧，谁也不会为此焦虑不已，最重要的标准就是依从物候条件而自然行事，切不可死搬硬套、揠苗助

---

① 引自［日］岸见一郎：《老去的勇气》，北京：现代出版社，2020。

长。这表现在人们的社会生活中就有一个很有意思的例子。旧时婚姻依据父母之命、媒妁之言，虽然有媒人，但是并没有一个结婚登记中心，可媒人们常常不用问也能知道谁家有适婚待嫁的女孩。这是因为，按照风俗，生女儿的人家在女儿出生时就要在自家院子里种下一棵香樟树，香樟树会随着女儿一起长大，到香樟树高过院墙的时候，媒人就知道这家有待嫁的女孩，然后媒人就可以上门打听情况了，回头媒人就可以去找那些院子里长了樟树的男孩人家了。到女孩出嫁的时候，就把代表女孩年龄的香樟树砍下，做成樟木箱子当成女孩的陪嫁，这样媒人也就不会搞错了。显然，在这样的社会形态中，时间对人生表现得非常宽泛和从容。一个人考进士可以一直考几十年，从10多岁考到60岁还不罢休，还可以继续考到70多岁才中，唐朝就曾经发布过一个"五老榜"，五个中进士的人有三个都已年过60，还有两个是70多岁，这在三段式人生中绝对是不可思议的。

在三段式人生中，时间好像变得更严肃而冷峻起来。极其精确的钟表时间几乎取代了我们在实际生活中的体感时间，成为我们观照人生、安排生活最重要的参照物。何时起睡，何时进餐，何时入读，何时成人，何时婚恋，何时生育，何时退休，都成了建立在钟表时间上的社会结构。然而，这并不代表着钟表时间与我们生活中的体感时间就是一致的，事实上，我们衡量时间的方式并不完全依照钟表时间的客观和刻板，而是因人而异，各不相同的。生活中的体感时间常常与钟表时间相对，如果说钟表时间是我们的向导和警察，那么生活中的体感时间才是我们人生的实质和根本。60岁退休，这就是基于钟表时间做出的人生裁决；而60岁的实际生活，这是基于生活中的体感时间建立起来的时间形态、时间长度和时间节奏，也就是关于退休生活的人生态度。

关于时间和人生的认知，有两个众所周知的判断：时间和人生就像一条不可逆的直线，而且有始有终，时刻都在朝着终点移动，年轻人接近直线开端的位置，退休靠近直线终端的位置；时间和人生的总长度基本无法把控，但时间和人生的宽度可以拓展，在单位时间的产量可以决定我们对时间的体验感是丰富的还是虚空的，进而累积判断我们的人生是充实的还是虚耗的。因此，对于人生，最重要的是在有限的时间里到达何处，还剩多少时间，以及能完成什么事。最理想的就是任何事都能迅速而高效地完成，并且顺利达到自己想要的价值高度。

第一，从时间形态来说，我们活在为死亡做准备的焦虑中。如果人生的时间是一条直线，那么，在三段式人生中，中途中断了，或者绕个道，都让人觉得不完整，不尽如人意，甚至不安全，"努力工作的回报在将来，懒惰的回报在当下"，因此必须一级一级努力进阶式的前进，否则就可能老大徒伤悲。在这类观念的影响下，我们总是会把现在当成对未来的准备和铺垫，在为未来负责的心态下，我们既不能安心于当下的事件，也不能放松对未来的忧虑，我们只能尽可能地忙碌着，以防万一埋下未来不幸的祸根。这也许无所谓对错，但如果第一阶段是为第二阶段的登顶做准备，第二阶段是为第三阶段的安养做准备，那么我们就会发现，在退休时刻，我们被迫面临两个问题，要么承认此刻开始是为离开世界做准备，这是多么令人沮丧而绝望的结论。"等死，不，我不想要这样的观点，太过分了，我辛苦一生，凭什么让我缴械投降？这世界真是越来越糟糕了。"或者"唉，可还能怎么办呢？"要么就承认生命并不为任何事做准备，活着的价值就在此刻本身，那么这就意味着要颠覆此前习以为常的观点，重新面对生活，"可我并不知道怎么做。他们说这就是要'活在当下、健康乐活'，可是这种乐活建立在被养活的基础上，活着就成了'多吃几年饭就是多赚几年钱'的解释，这不是好死不如赖活的意思吗？这就是我要的未来30年吗，仅仅只是活着？也许我活不了30年？可谁能确定我一定不能再活30年，甚至更久呢？啊，一切都为时未晚，直到疲倦的心停止跳动"。就这样，面对人生时间是一条直线的形态，要么愤怒，要么认命，要么一直抗争下去。

第二，从时间的长度来说，我们活在剩余时间长度的焦虑中。如果人生的时间是一条有始有终的单向度线段，每时每刻的脚步都在向着终点前行，走过的都已失去，唯有未来的尚属自己，那么剩余时间的长短就成了我们必须斤斤计较的算式。在这个问题上，有的人假装结局就在那里，有的人却假装结局还很远。当我们接受了死亡的恐惧感、接受自己大限将至的事实时，我们就假装结局就在那里，不悲不喜，不远不近，等待着我们。就算忧心余下的生命不多，或因太快变老而不安，自己也无能为力，我们就此对世界产生愤怒，愤怒自己的光明的消失，而把抱怨当成唯一的乐趣，告诉世人"第三阶段是件多么可恶的事，什么都不如从前了"；或者对自己宣判我们什么都干不了了，既没有意义，也没有价值，作为一群被判离的人，游走在社会边缘，我们只能不断地想着"有多少事已经无能为力，而余下的生命还有多少年"，用绝望感来承受恐惧并放弃自我，又用放弃和恐惧来强化绝望，直至谢幕的时候对自己和世人说一句"你看，就是什么也做不了，淡泊无争、清心寡欲才是第三阶段该有的样子"。而当我们拒绝死亡的恐惧感、拒绝接受大限将至的事实时，我们就假装结局还很远，在计划晚年的时候就机智地用上模糊算法，跳过老年这个阶段，积极采用当下那些令人感觉"青春永驻"的技术和策略，药物、美容、植牙、跳伞、学习新技能等都很容易就让人忘了自己已处在人生的最后一个阶段。我们倔强地要自己选择永不服老的态度，要将生命的活力延续到原本被称为"老年"的岁月中，好像这样就能骗过身体并忘了死亡这回事。我们让自己一直停留在"想要就去争取"的人生阶段，继续为自己设定新的目标，为自我提升制订新的计划，找寻富有挑战性的活动，寻找新事物、新经历，向前冲锋，迎接冒险。我们就像真正的年轻人一样，相信自己还有大把时间，考虑死亡问题为时过早。从人生时间的长度出发，我们总是被拴在未来、被拴在"我还剩多少时间"上。

第三，从时间的节奏来说，我们活在生产率的焦虑中。单位时间的产量作为生产率规定了我们在实际生活中的体感时间的步调，反过来，我们又很容易就把自己的价值和活着的意义当作生产率来计算。在汽车还没有产生的时候，步行和骑马，两种方式规定了人们生活时间的步调，调好了生活节奏的快慢参数。"八百里加急"就是那时的人们创造出来的最快的节奏了，而大多数时候人们能做到的节奏只能是步行。如果在唐代，一个生活在杭州的读书人要到京城长安参加科举考试，可能得提前一年多就启程，水路陆路，翻山越岭。中途遇到什么好玩的人和事，名山大川，就顺道拜访一下，玩一下，在酒楼题个诗，在诗会留个名，出个册子，就是顺道的事。当然也可能被哪个山头的大王掳上山做下账房先生或者作为人质要挟点赎金，要不然就像那些妖狐鬼怪的故事里所写的那样发生点人鬼情缘的风流韵事，也可能在翻越某座大山的时候摔断胳膊腿得就地医治，反正这一年多赴考备考的时间有一部分就是拿来喝酒折腾的。就算恰巧足够幸运，顺风顺水就到了，一路上留下的才名应该也已到达京城，这时，考生们却并不急着挑灯夜读，而是趁机去拜拜名门投投自己写的文章，展示一下自己远名之下经世治国的才干，或者也就三五相聚，以文会友，偶尔读读书，直到开考，考完，再花一年多时间返回家乡。考一次试，近三年的时间在路上，并且是一路走一路玩，这样的节奏在今天的人们看来简直太疯狂了吧。今天的我们，对人生第一阶段备考的路，谁都恨不得争分夺秒，尽快尽早地完成，好像只有这样才能在未来的人才竞争中占据某种优势。甚至连我们的退休金也是根据养老金的缴纳年限，也就是工龄，来计算的。既然55岁或者60岁退休是我们统一的钟表时间规则，那么我们怎么能不多争取一点工龄呢？在唐代，人们没有比马更快的交通工具，因此，生产生活的节奏也不会比马更快，而是按照人力能及的速度来安排的，可以慢慢走，但跟快快走的差距也不会太大，毕竟都是走。相反，在今天，我们不但有了汽车、高铁、飞机，还有了宣称即时的工具，我们对速率的要求连万分之一的延迟也不能忍受，我们的生产生活以高效著称，以又快又好为目标，人们借助于机器又在拼命要追赶机器的速率。时间不再以粗糙的形式被感知，而是精确地被计划，几乎每一天的生产生活都离不开精确的钟表时间；时间也不再按照人力所及的方式在流动，而是按照机器的速度在流逝。选择哪一种交通工具，哪一种通信方式，哪一种吃饭的形式，都在机器的速率上加速进行，因此，时间不仅流逝得更快，而且以一种令人紧张的方式硬推着人向前。每个人都承受着种种来自速率的压力，要么感觉自己做得不够，要么感觉自己可以做得更多，要么至少会对做的多少感到满意或愧疚。于是，在唐代，人们的生活就像一幅慢慢创作的中国画，从容而完整；在今天，我们的生活就像一幅工业拼图，永远是碎片一样的时间，永远有拼不完整的人和物的形象，永远缺少最关键的一块。时间通过机器变得越来越碎片化的节奏，与我们想要尽可能用自然人力把握生活节奏的焦虑深切地交织在一起了。我们只能用焦虑来对付人力不及机器的那份效率差距，并用深深的厌恶来对抗被机器凸显出来的那份闲散了。懒散是可耻的，拖延是一种病，凡是关于时间的部分，我们都以单位时间的最佳产量作为我们不虚此生的标准，然后用可以量化的成功来判定我们的人生意义和人生价值。这一标准在年少只是一场场考试，在壮年只是一次次决策，在后来就成了一种习惯。甚至到了第三阶段，这种习惯性的生产率思维、量化的价值判断和对闲散的焦虑还会出来干扰我们。它们会直接宣判缓慢是件坏事，缓慢是年老虚弱的标志，是跟不上生产速率的弊病，是应该从生产中退出的直接原因，因此60岁就应该退休；对于已经习惯用量化方式来评判自己人生意义和价值的人来说，分数、财富，甚至健康数值等都是成功的标准，给这可量化的成功带来阻力的是衰老、疾病以及死亡，既然60岁是衰老的号角、疾病和死亡的前奏，退休也就是成功的终结，与希望失之交臂了，所以60岁就该认命；如果我们能闯过前面这两重陷阱，那么对闲散的焦虑就要出来叫嚣，那种基于生产率习惯所关注的"剩余时间长度"会以自知时日无多的紧迫感推着人向前，逼得人要么无法安于空闲，而赶赴一场又一场的活动，要么追逐永不放弃的精进奋斗。

在以生产率为标准的时间建构模式中，人们都习惯于人生直线式发展的思维，无论什么事情都从"生产率"和"剩余时间的长短"来考虑。有的人从这速率的竞争中逃离，用"知足常乐"来安慰自己的懈怠。有的人用"从前车马很慢，一生只够爱一个人"来愤怒自己的无能无力。有的人总是烦恼着怎么在有限的时间内完成工作和家务，去追逐更多的内容，让自己的内心忙碌个不停。我们正是在这些基础上来确定自己的方向是对的，自己的人生是成功的、有意义的、有价值的。习惯成自然，最后，我们都习惯性地和闲散的节奏对抗，习惯性地对缓慢抱有敌意，习惯性地对向年龄屈服抱有抵触心理。代表闲散与缓慢的退休变成了无法安适的矛盾，而我们在拒绝闲散和缓慢的时候也就顺道拒绝了一部分可以宁静致远的价值内涵。

3.基于生产价值交换的人际关系

当我们以生产率来指导人生时间规划的时候，生产价值成为最重要的比拼内容，并由此构筑起以生产价值的交换作基础的人际关系模型。在整个人生的第一阶段，人们都是在努力培养自己的生产价值，以便正式进入生存环节的时候，我们不会输在起跑线上，不会落入穷困的生活，我们不但想要自己能更好地活下去，并且希望能够拥有足够的生产价值带着家人一起更好地活下去。在人生的第二阶段，除了继续增加自己的生产价值之外，大多数时间都在判断他人的生产价值，并迅速做出选择是否与对方的生产价值进行交换。这就构成人际交往的一个基本模型，以生产价值的交换为基础的人际交往。

这种基于生产价值交换的人际关系常常是服务于某个目的的，这就是说，在关系中，我们会习以为常地把他者当作一种途径。我们会把他者当作一种创造价值、实现目标的途径，也是一种承载自我、实现自我的途径。在工作上，同事是我们达到目标的首要途径；在家庭中，伴侣是我们创造幸福的首要途径。总的来说，我们对待他者的方式更像是一场投资，一场消费。

当人与人的关系变成一种实现目标的途径时，这意味着我们很难做到对他者别无所求。比如，"滴水之恩当以涌泉相报"和"施恩不望报"，都是中国的古话，却是说给恩情关系中的不同主体的，一旦用错主体，就会造成剧烈的冲突。在一段恩情关系中，有施恩者与受恩者两个主体，这两者之间本是平等的共生关系，但在实际生活中，却极其容易演变成不对等的对立关系。很多施恩者会痛苦"人情怎么如此淡薄，需要我的时候就来了，用完了就不见了，人怎么这么没良心呢"，很多受恩者也痛苦"难道帮了我一次，我就该供起来吗，我只是请求帮助，并不代表我给自己找了个主子，也不代表我必须永远臣服在谁脚下"。如果一个施恩者把自己付出的帮助放到期待对方的回报上，哪怕只是一句感谢和赞叹，这都是一种投资收益的计算。而一个受恩者如果把自己拒绝感恩看成一种尊严，其实也正是因为他受困在投资回报的关系中。事实上，一个整日沉浸在职业生涯和社会关系网中的人，在与人交往时根本不可能做到不计回报，计算回报几乎成为人们在关系中的本能。

当我们把他者当作一种实现目标的途径的时候，我们试图掌控、剥削或用任何方式差遣他者，并在其中得到刺激或者成就。我们就很难把他者当作其本身，这意味着我们既不能善待自己，也很难善待与我们相关的人。在"施恩与受恩"这一组基于生产价值的交换为基础的关系中，施恩者正是误用了"滴水之恩，涌泉相报"来要求受恩者付出巨大的回报，有时候甚至是要求受恩者时刻付出没有尊严的谄媚来满足施恩者的虚荣，如果受恩者不遵从这一交换规则，施恩者就会责难受恩者的凉薄，哀叹自己遇人不淑。而受恩者常常是误用了"施恩不望报"来要求施恩者用不求回报来保护受恩者的秘密、颜面和自由，这样受恩者才愿意对施恩者交出自己的一些感恩之谊，如果施恩者不能明白这一条交换规则，那么受恩者就会愤怒施恩者的索恩。双方都愤愤不平。实际上，"滴水之恩，涌泉相报"是需要受恩者自己主动秉持的善，"施恩不望报"是需要施恩者自己主动秉持的善，这样才是把自己放在自己的位置上，放弃对他者的交换关系，从而获得自己内心的宁静祥和。这才是对自己的善待，和对他人的善待。在同事关系，朋友关系，亲人关系中，都是如此。

正是以生产价值的交换为判断标准，退休和老年的一部分尊严彻底丧失。人走茶凉，是对方失去交换价值的必然产物。老而无用，是老年人在价值交换中被判为累赘的必然结果。我们都害怕失去可以交换的生产价值，害怕因此被嫌弃被抛弃，于是，我们不能安心地接纳自己不附加"可交换的生产价值"而依然可爱。我们既不能接纳这样的自己依然有尊严，也不能接纳与他者的关系不附加"可交换的生产价值"，哪怕近如夫妻和父子都不行。正是在这样的交换中，我们对他者有期待有失落，有对抗有紧张，有取悦有委屈。

当我们以生产价值的交换为基础进行人际交往的时候，我们就很难与他者做到只是简单的互相陪伴，共享生命，共享世界。我们无法做到仅仅只是享受陪伴时的共同宁静，而这却是平和安详的来源，就是世界和永恒。

4.关于死亡的可憎形象

从第一次在身边看到死亡开始，我们就知道死亡在生命的前方等待着我们，我们总是假装它还很遥远，直到进入退休，就像一种宣判，我们会开始留意到那些关于死亡的信息。哪些吃法会导致死亡，谁谁谁突然离世，为什么膝盖好像装了棉花，唉，同学会谁谁谁永远也来不了了……我们感觉自己将被困在日渐衰朽的身体里，躯体和大脑都将越来越不好使，只能渐渐土崩瓦解，毫无转圜，唯有死才是唯一的解脱。我们畏惧、忌惮、愤怒、厌恶、想要逃离。可死亡难道不应该就在它发生的那一刻吗？就像伊壁鸠鲁说的那样，死亡是与我们无关的事，只要我们还活着死亡就不会发生，而当死亡发生我们已不存在，那么死不死又与我们有何关系？生命的消失本不是恶，死亡不过是把我们带回出生前的状态。话虽如此，我们这些凡尘中人谁又能真的如此超脱，该怕还得怕。比如，一个初老的人更愿意跟年轻人一起玩，而绝不是跟老年人一起玩。

要退休的那几年，退休协会总邀请你一起去玩，还邀请你去做协会秘书，因为你又能唱又能跳还会书法。

"到时候协会搞活动，你可以出海报可以组织大家玩，你来了，大家就更好玩了。"会长充满期待地看着你，那昏花的老眼里闪现出久违的亮光。

"嗯……啊……"不知道为什么，你下意识地避开他的眼睛，把目光从他脸旁穿过去，投到一丛新开的花身上，连眼神都开始虚焦了。

你一点都没激动，也没有期待，会长这个"当官"的提议你一点都不心动。你去过退休协会的活动，"哎呀，全是一屋子老头老太太，太可怕了，一屋子老人气，全部都慢腾腾的，呆兮兮的，搞啥活动也不好耍噻。隔一会儿就听到有人咳嗽，有人吐痰，你正说得起劲吧，就有人大声地擤鼻涕，哎呀，此起彼伏，没得消停，个个陋眉陋眼的……你说，咋个去嘛，莫把我带傻了哦"。你回来对儿子儿媳说。儿子儿媳一片孝心，很担心你退下来无聊，怕你闷坏了，希望你能找到组织，玩得开心。他们哪里晓得退休协会简直就是一眼望到头的绝望沙滩，层层叠叠的衰败，层层叠叠的绝望。

一个55岁、60岁要退休的人就像是种本能一样抗拒跟退休协会的年长者们一起活动，看到他们老得颤颤巍巍的样子仿佛就看到了自己不远的明天。而这种颤颤巍巍的明天绝不是任何人想要的明天，那里住满了腐朽和死亡。

其实，我们都无法真正经历死亡，但我们都见过和听过各种死亡，不知不觉中，死亡的形象就在我们的印象中早早地被雕刻出来，融入我们的生命，我们几乎是本能的对其充满敬畏和厌恶。关于死亡的形象，有两个最让人无法忍受的，一个是冷酷无情，一个是蠢笨肮脏。

《吕氏春秋》说："今吾生之为我有，而利我亦大矣。论其贵贱，爵为天子不足以比焉。论其轻重，富有天下不可以易之。论其安危，一署失之，终身不复得。"①生命是最重要的，王位、财富都比不过生命。失了天下也没关系，留得青山在，不怕没柴烧，只要还活着，就有东山再起的机会，可一旦死了，就永远不能再活过来了。我们都相信这就是真正关于死亡的真理。这也是我们最常有的一种关于死亡的观点。但事实上，我们并不真的了解死亡到底是一种怎样的存在。明明不了解，却又像知道一样断定死亡是可怕的。在这里，死亡的可怕被解释为它的冷酷，失去了就再也没有了，这是我们关于死亡的第一个印象。在这个论调上，死亡被塑造成无可更改的处决、残忍的割离、遗憾的结局、黑漆漆的未来、冷冰冰的世界，归结起来，就是一个铁面无私的凶恶判官形象。令人不敢直视。

死亡的第二个形象就是蠢笨肮脏，戴着各种呆傻龌龊的面具。一张痴痴憨憨的脸，常常半张着嘴，沾着些口水线。明明好像很努力在听，但一句话听好几遍也没有半点反应。好不容易说几句话偏偏还颠三倒四，张冠李戴，口水乱飞。夹个菜，手一抬就开始抖，还没夹到碗里，一半都抖在了别的菜盘子里。左手拿着钥匙，右手到处找钥匙。前脚藏的私房钱，后脚就忘了在哪里，把房子翻个底儿朝天，钱没找着，看到陈年旧物，就絮絮叨叨开始落眼泪。点着炉子要给孙儿熬个汤，又想起可以给儿子买个酱肉包就慌慌张张地跑出去，锅被烧穿好几个，房子差点被烧着好几次。衣服再怎么也穿不整齐，走着走着裤子就掉了。回家的路看起来都一样，走着走着也不知道要去哪儿了。又酸又臭的老汗味常年源源不断地从毛孔里滚出来，还畏风不敢开窗，关着一屋的陈腐汗味在那儿发酵，最后都留在了墙壁里，回到了人身上。常常听了一个笑话，刚张嘴要笑，就发现屎尿屁比笑还先蹦了出来。打嗝儿、放屁、咳嗽、吐痰、擤鼻涕，一不小心就崩了尿、拉了屎在裤子上、在床上……一想

---

①引自冯友兰：《中国哲学简史》，北京：中华书局，2017。

到这些，谁都是想死的心都有了，但谁都绝不愿这样蠢笨肮脏地死去。

在我们的生活中、文化中，死亡的形象总是如此与肮脏的衰败、阴森的坟墓、冰冷的地下、虫蚁的啃食、火葬场的惨叫密切联系在一起。关于死亡的感觉也总是被描绘成阴森可怕、疼痛遗憾、悲伤孤寂、永恒的绝望。正是这种种关于死亡的刻画慢慢堆积成死亡可憎的形象，形成我们对死亡的敬畏与厌恶，进而构成我们对死亡的前哨——退休——的沮丧和悲凉。

5.意义的缺失

有一个耳熟能详的故事说，一个富翁去海边度假，见到一个渔夫躺在沙滩上晒太阳，就问渔夫为什么不去打鱼。

渔夫："今天的鱼已经打够了。"

富翁："为什么不趁着天气好多打一些呢？"

渔夫："为什么要多打一些呢？"

富翁："多打一些你就可以多卖点钱。"

渔夫："多卖点钱又拿来干什么呢？"

富翁："多卖点钱你就可以买条大船，打更多的鱼。"

渔夫："打更多的鱼有什么用？"

富翁："卖更多的钱。"

渔夫："那又怎么样呢？"

富翁："有了更多的钱，你就可以雇人出海，不用再自己出海了。"

渔夫："不出海去干什么呢？"

富翁："不出海你就可以像我这样躺在沙滩上舒舒服服地晒太阳了。"

渔夫："可是，我现在不是正躺在沙滩上舒舒服服地晒太阳吗？"

这个故事常常被当成一个笑话，用来嘲讽世人一生汲汲于名利的滑稽，告诉人们生活的真谛不过就是享受阳光。但生活的真相真是这样子吗？渔夫所享受的阳光和富翁所享受的阳光是同样的阳光吗？

看起来，渔夫和富翁殊途同归，都是在沙滩上享受阳光，但是很显然，纵观一生，两人的人生轨迹、生命的内容却有极大的不同。虽然大家都拥有一样的阳光和一样的死亡，但生命的真相也许绝不只是生死和阳光，因为对我们来说，真正拥有的恰好只是行走的这个过程。而行走的这个过程却可以因为我们对生命的不同诠释和赋值变得几乎完全不同，也就是说，最终我们会享受到几乎完全不同的人生、几乎完全不同的阳光。这就是生命的质量，这取决于我们对生命意义的选择和阐释。

生命到底有没有意义，这其实是一个关于选择的问题。选择有意义，选择有什么意义，选择怎么去实现这个意义，最后就得到这一有意义的人生。选择人生没有意义，选择没有意义的活法，最后得到没有意义的一生。对于选择有意义的人来说，一生为了某个意义目标忙忙碌碌四处奔波，虽然很踏实，但常常会感觉很辛苦很有压力。对于选择没有意义的人来说，一生拒绝意义只要简简单单地度过，不会有太多任务催逼，也不会有太大压力，却常常会感觉很无聊很无趣。事实上，一旦生活中缺少了有意义的事，一切都会变得无趣。一旦生活缺少了有意义的解释，一切人、事、物都将变得非常浅显，一切快乐都将变得非常廉价、非常轻飘飘。

在日常生活中，人们常常会一窝蜂地急着去吃一个新菜、去一个新地方、认识一个新的人、寻找一份新经历，这就是因为我们常常会感受到生活在无意义的雷同，这雷同令我们倦怠，令我们很难长久地安于一个旧的环境、旧的工作、旧的人、旧的生活。

在进入现代社会之前，集体的意义往往就已足够抚慰人的灵魂。人们尊奉集体的意义，甘愿为了集体的意义最大限度地发展自己，甚至是献出自己，人们比较容易在集体中找到意义为自己的人生赋值，从而充满激情地、快慰地活着。但在西方18世纪后期的浪漫主义思潮的影响下，人们不再满足于接受旧有的人在社会和传统中的角色和意义，他们开始强调人的主体地位，强调个人的身份以及自己的人生意义。这条寻找个体人生意义的路并不平顺，尤其是对于那些不再信奉传统的神和宗教的人而言，意义并非唾手可得，甚至根本不存在。

或者因为恐惧，或者因为无知，许多人会选择无意义的人生。然而，一旦选择了意义根本不存在的人生，这个人就很容易将自我封闭起来，往往连尝试去寻找做事的意义都不愿意，自然也无法在任何事物中找到意义，这样的自我只留下了对平淡乏味人生的倦怠和无孔不入的空虚。一个习惯于如此的人，往往彻底随波逐流地生活。

当这样的人群来到人生第三阶段时，一面是回顾一生，都是无意义的虚空，除了吃睡晒太阳、按部就班地完成阶段内容，人生空无一物；一面是往前看，唯一的生活内容就是专心休闲30年，无意义地再晒30年太阳。"我们有时间，但没有什么非做不可的事情，真是令人无聊死了"，这将成为他们退休生活的常态。

为了填补这些时间，他们要么彻底淹没自己的欲望和思想，安静地、呆呆地晒完30年的太阳，一片空白，然后拜拜；要么就忙于建立个人目标，找寻富有挑战性的活动，寻找新事物、新经历，从无意义中分散注意力，尽管很少有人愿意承认自己是这样做的。然而这些用来分散注意力的东西，本身其实也毫无意义，别忘了，这是一群无意义人生的信奉者，他们的世界里，一切都没有意义。他们一场接一场地赶赴活动，搞得自己几乎没有自由支配的时间，只因为他们其实是无法独自应付时间"空着"的状态。可矛盾的是，当他们回顾起这些塞得满满当当的时间时，往往会惊恐地发现，脑子里只是一片空白。那些最活跃的人，往往跟那些晒30年太阳的人一样，恰恰是最无趣、最空虚的。

对于无意义的追随者来说，在人生的第三阶段，如果依然放弃意义的话，那么，他们一面要拼命逃避无意义带来的无趣生活，一面要面对死亡迫近时内心的慌乱，蠢笨肮脏的老年怎么能一直保持活力、避开无趣？就这样走到死亡，会不会后悔？死亡之后，会不会只剩漫长的无聊？事实上，我们正是通过自身的决定和阐释创造人生的意义，从而超越与生俱来的荒谬的虚空，超越我们面对死亡的恐惧和厌憎。如果我们不这么去做，如果我们无法让整个人生或某一人生阶段具有意义，那我们只能在面对空虚和无聊的焦虑下，用治标不治本的方法，找寻意义代替品，空耗自己的一生。

综上所述，在工业革命后，人们的时间规划与安排进入了"学习成长—工作付出—退休养老"的三段式人生模式，并逐渐稳固成一种习以为常的社会结构。无论是产业工人，还是自由职业者，甚至包括今天的农民，学习、工作和退休的概念都已深深扎根于每个人的意识，几乎成为人们思考和践行人生的"唯一"模式。当这种代代相传的三段式人生模式渐渐成为人们的思维惯性时，就从一开始的优化生活转而变成开始禁锢我们对生活的规划和选择，禁锢我们的价值观，异化我们的人际关系。三段式人生模式围绕生产价值的交换为核心建立价值观，形成对人的价值判断，对人生的定位。这一模式缺乏对人的休闲力的培养，缺乏对人生三阶段的整体性认识；在渐渐失去可交换价值的退休阶段，形成"老而无用"的判断标准；由于机器对人力的加速，人们对单位时间内生产率的追求，一直都在跟单向线性的人生方向、人生的剩余时间竞争，社会对高速率的要求越来越残酷地冲击着自然人力的闲散和缓慢；基于价值交换的人际关系不但否定退休人的部分尊严，而且严重干扰人们享受纯粹的宁静的陪伴；再加上我们的文化中一直沿袭的恐怖可憎的死亡形象，和现代人对厚重的人生意义的抗拒，退休以后的人生就逐步被塑造得消极可怕起来。在此基础上，人们逐步形成愤怒当下、清心寡欲和永不服老三种应对退休人生的主要策略。

然而，在三段式人生中，一直有两个关键的过渡常常被轻忽，一个是从受教育到工作的过渡，第二个就是从工作到退休的过渡。第一个过渡，已经在各个学校以职业规划和就业指导等课程形式展开，并且在社会中以各类岗前培训进一步深化帮助。但是，第二个过渡显然还没有引起足够的关注，没有人愿意像解决第一个过渡的问题一样来对待第二个过渡。

现状是，在人生 2/3 的时间里，人们都忙于生存，直到被宣布退休的那刻，才从显见的生存竞争中退出来，无知地被抛入第三个阶段。"我们就直接从'青春永驻'阶段，一下子步入了'大限将至'阶段，永远错过了成为一个怡然自足的老人的机会，无法'安靠于港湾之中，坚守真正的幸福'。"

未来是，随着人们年龄的增长，如果依然按照现有的退休标准，退休的时间将变得越来越长，旧的三段式人生模式将严重制约我们的思维方式，影响我们的人生质量。同时，随着信息社会的高速发展，会越来越需要人们即使年满 60 岁也能灵活变通，能适应某些新的知识、新的思维方式，能从不同的角度看待世界，能妥协于权力更迭，能顺利地让旧伙伴随风而去、建立新的关系，这些技能的转换都需要我们重新观察第二个过渡期，运用真正的远见卓识，积极主动地把握这个过渡期，从而剧烈地改变视角，重新建构退休人生。

60 岁，新的人生才刚刚开始！

四段式人生

——二次生命的起点

第三部分

为何老人不该癫狂？

有人曾认识一个好少年，

他钓鱼可是个中好手，

却当了记者，成天烂醉如泥；

那个曾通读但丁的姑娘，成天忙着带孩子，再无

独立思考的能力。

他们不曾听闻，存在始终快乐的人。

有善始，有善终。

年轻人对此全然懵懂，

能懂的，唯有深谙世事的老人，

待他们悟出古书所说非虚，

再无更好的结局，

就会明白老人就该癫狂。

——叶芝《为何老人不该癫狂》

"余生对每个人来说都一样，是无法改变的事实。我们能改变的，只有自己的意识。老去的勇气——安享已经苍老的'当下'的勇气，也许就是一种调整人生态度的勇气。"你放下岸见一郎的书，静静的。你终于可以承认，有时候什么都不想做，就看看月亮也挺美的。岸见一郎说"相信拥有无限的时间，想要悠然自得地活着，这就是相信永远"，这家伙的话也许是真的吧。从前，我们羡慕那些老人家也许不是羡慕他们的自由，而是这种相信永远的悠然自得吧。

上周，单位为你开荣休会，同事们一起回顾了多年共事的情谊，庆祝你从此可以自由自在想干吗就干吗，大家一番热烈地畅谈，每个人眼里都闪着友好的离别。开完会，大家一如既往地肩并肩往外走着，只不过，这一次，同事们朝着各自的办公室走去，你，一个人静静朝楼外走去，慢慢地穿过前台，走过熟悉的走廊，走出大门。

那天晚上，儿子、儿媳、老伴、孙女特意为你庆祝生日，大家都祝福你将拥有自在快乐的新生活。你点点头，用柔和的目光慢慢扫过他们快活的脸，暖黄的灯光下，淡淡的钢琴音若有若无地环绕，你爱着他们，你的家人，此刻，他们就在你的面前、简单快活地分享着你这个最特殊的生日——你的退休之日，也许他们谁也不知道你是怎样一番丰富的滋味，也许他们谁也不知道你的明天与今天究竟有什么质的不同，但你知道你已经走到了他们人生的前列，你是他们的开路先锋，你将要第一个为这个家考虑最长远的未来，你愿意他们都一直简单地快乐着，所以你要先去看看这一段新的旅程怎样才能变得好玩有意思，让他们以后也能轻轻松松走到快乐的福地。

就在这样快活的时刻，你宣布了你的新决定——你要去看看最新的四段式人生。

哈哈，有一个天降的好消息。

根据伦敦商学院教授琳达·格拉顿的研究，"在过去200年的大部分时间里，人类的预期寿命都在稳定增长。更准确地说，目前可获得的最佳数据表明，自1840年以来，预期寿命每年增长3个月，也就是每10年增长2～3年"[1]，那么在比较富裕的国家，1957年出生的人有50%的概率活到89～94岁，1967年出生的人有50%的可能活到92～96岁，1977年出生的人有50%的可能活到95～98岁，1987年出生的人有50%的可能活到98～100岁。并且这组预估还没有将营养、医疗、生物科学、人工智能和机器人对老化状况的改善等因素考量在内，也没有将公共卫生、教育和行为变化所带来的健康因素考量在内。事实上，在2019年，我国公布的部分城市的人均寿命，已经突破80岁。也就是说在不远的将来，人均寿命达到90岁是很有可能的。

最幸运的是，这并不像现在普遍流行的观点所宣称的那样，"寿命再长若总是疾病缠身又有什么意思"，事实上，许多研究表明，我们已经在见证病态年限的收缩，那些"经常运动、不吸烟和控制体重的人，病态年限一般会被大幅延迟"。[2]也就是说，那些真正困扰人的生活、拉低生活质量的病态年限并不如我们所想象得那么长。我们的健康寿命会增加，我们的病态年限会降低。

是的，这就是说，60岁以后，我们依然会有一大把挺不错的健康寿命，就在今天，就在此刻，就在我们手上。

那么，我们究竟要怎么去享用我们这最宝贵的自由生命呢？我们能不能像个孩子一样重新回到无忧无虑的生活中去呢？

可以呀。

为什么不呢？

---

[1] 引自［英］琳达·格拉顿、安德鲁·斯科特：《百岁人生》，北京：中信出版社，2018。

[2] 引自［英］琳达·格拉顿、安德鲁·斯科特：《百岁人生》，北京：中信出版社，2018。

一、何为四段式人生？

在大学教育中我们已经加入就业创业教育，尽一切可能帮助人完成第一个关键过渡期；但在第二个最重要的过渡期，我们却长期显得无动于衷、鼠目寸光。也就是说我们用20多年的时间、一切的努力帮助每个人顺利进入工作阶段，最后却一点时间、一分准备也不给地就将每个人从工作阶段抛出来，这可真是又野蛮又残酷又好玩。在做退休人这一点上，人们表现得真是又聪明又骄傲，简直就是盲目自信。就像日升日落一样，每个人睡一觉，一睁开眼就能顺理成章地进入退休生活，简直把我们都当天才了。

其实，在做一个退休人这件事上，我们纯洁得就像个初生的孩子，真可谓白纸一张，我们是完全迷迷糊糊的就开始闯荡这个新鲜的世界了，有点跌跌撞撞，有点茫然无措，也有点随机随意。

（一）"庞氏循环"

历史上有"庞氏骗局"，通俗点说就是"拆东墙补西墙"，只要有不断进入的东墙，这个游戏就可以一直进行下去。人生其实就有点"庞氏骗局"的意味，代代相传，父子相继。不同的是，有的人很幸运，进入的是一种我们称为"庞氏循环"的幸福的老年，大多数人进入的是无奈的老年，还有那些不幸的人不得不忍受悲摧的老年。

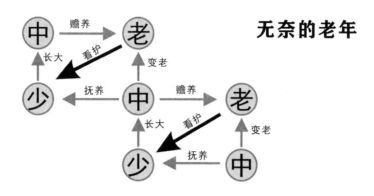

图3-1 无奈的老年

1."无奈的老年"——当下生活的困局

"等我爸退休了就好了，他们就可以一起过来帮我看二宝了。"这句话大概是很多中国的年轻人会忍不住说起的。两个人都是普通上班族，要养两个孩子，四个老人，只靠一个人是不行的，一旦有个风吹草动，全家就有倾覆的危险，谁也不敢轻易冒这个风险。于是，年轻人只好将希望的目光静静望向父母，谁也不敢强行要求老人牺牲掉自己的退休生活，可是哪一对父母能看不到那可怜巴巴的目光呢？

这时，图3-1的家庭样式就出现了。60岁，本是终于等到可以属于自己自由支配的生命，却不得不回归家庭，看护幼小的孙子，成为家里一天都不能少的重要支柱。从新生儿的日夜照护，到弯着椎间盘突出的老腰拉着小宝宝蹒跚学步，到孙儿读幼儿园，每天风雨无阻地接送，生病了全程陪同看护，再到孙儿上小学了，戴着老花镜摸索着学习手机的各种新技能，学习一个又一个的新运用，应对学校的各种刷卡打卡的作业检查。第一个孙儿眼见着要熬出头，第二个孙儿又来了。

在子女的成长过程中，为子女全身心付出，到退休的时候，承担起看护孙辈的责任。既怨不得子女不孝，又无法真的硬着心肠甩手不管。

退休即上岗，既没有岗前培训，也不再有退休离岗，这大概是中国最常见的一种退休生活。本来在年老的时候，子女的回馈就不足以对等当初的付出，现在退休了还不能享受自己最后的黄金岁月，即使年老体弱也不得不硬撑着照顾孙辈。可即使全心全意照顾着孙辈，还常常会面对教育观念不合而带来的冲突，不但没有自由活动的时间，有时候甚至连自己引以为自豪的行事主张都要被质疑，这样的老年生活实在是很无奈的，而在中国，这样的怪现象却是最普遍发生的现象。

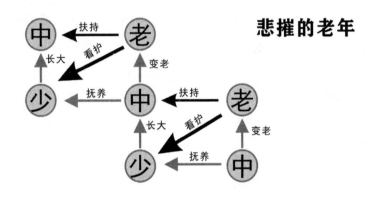

图 3-2　悲摧的老年

2."悲摧的老年"——惨淡痛苦的结局

"唉，我不想上班，上班好累哦，我好想一直读书啊。虽然读书手上的钱不多，但好轻松好自由哦，什么都不用管，按时领生活费，随随便便考个试，爸妈就认了。还有同学一起玩，有时间还可以去穷游，简直太爽了。"这是啃老族常有的一种想法。

一旦哪个老人遇上的是这样一直拒绝长大、拒绝独立的年轻人，大概率就是悲摧老年的开始了。如果说在老年的时候照顾孙儿是无奈之举，那么退休以后不仅要照看孙儿，还要面对啃老的子女，那就真是很悲摧的老年生活了。全家六口人的荷包共同供养一套房子，老年人的生活和医疗都要靠自身解决，年轻人不但无力赡养父母，甚至还需要老年人的退休工资补贴子女家用。这样的现象并不少见。再糟糕一点的话，如果年轻人在自己年少的时候没有好好完成学业，或者没有吃苦耐劳、勤奋踏实的品质，那么走进工作阶段，他们常常只能从事最辛苦却收入最低的工作，并且工作的连续性和稳定性都很差，很难保障一家人长期的正常生活。根据日本研究者三浦展在《下流社会》中的研究，如果工作既难以支撑年轻人的物质欲望，又无法带给他们自信心和生活热情，年轻人就干脆拒绝努力向上的生活，开始倾向于向下流入的生活。他们开始拒绝工作，只要求最低水平的生活。而这种最低水平的生活有时候也不是靠自己赚取，更多是依赖分食父母微薄的退休金来维持生存。

如果是这样一些不求上进的子女，那么就会出现图3-2所示的家庭样式，退休人那份并不丰厚的退休金不但要护住自己的医疗生存，要看护孙辈，还要匀出一大半扶持儿女。在极端的情况下，儿女赚不到足够的钱，迫于经济原因，只能是年迈的父母在退休后继续重返职场，但现在的工作都不如年富力强时的工作有趣，重返职场令60岁以后的他们精疲力竭，又沮丧又悲伤。

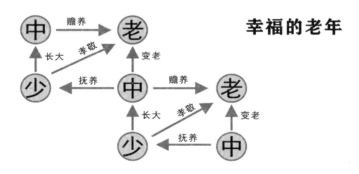

图 3-3　幸福的老年

最极端的情况下，这样的儿女还会因为眼见自己的父母过得那么辛苦，而不愿自己再重复父母的命运，不愿再承担任何生存的压力，他们开始放弃组建家庭，放弃生养后代。于是，在被啃食退休金，担忧自己离世后子女无法独立生存之上，"绝后"又成为退休人另一层深重的伤痛。

这些悲摧的老年就成为退休人辛劳一生后惨淡痛苦的生命结局，真是令人唏嘘不已。

3."幸福的老年"——真正的"庞氏循环"

从图3-3中，我们可以看到，人的一生从"少"到"中"到"老"，少时完全凭借父辈的帮助成长，当自己到了中年，父辈已经变成老年，这时，自己成为家庭的核心力量，勤奋工作，抚养孩子，赡养父母。这是我们最理想的一种家庭模型，一对强大的成年人，可以依靠自己的努力，支撑整个家，至少上中下三代人。在这个家里，一个曾经的战士，可以光荣地安享自己的退休生活，不但有自己的退休金作为生活保障，还有来自子女的关怀、孙辈的敬爱。战士的尊严不会被年纪诋毁，曾经阅尽生活的智慧会成为年青一代前进的路灯。一家人可以坐在一起笑谈世间百态，也可以安安静静地共享岁月的静美。老人有老人的宁静致远，年轻人有年轻人的勤恳踏实，孩子有孩子的活泼好学。每一代人都将自己毕生努力的心血全部传递给下一代，不论是精神还是物质，代代相传，人人勤勉，既创造当下家庭的温暖和乐，又带来家族的传承兴旺，子子孙孙无穷匮也。

在这样的家庭关系中，"父母之为子女，则为之计深远"和"谁言寸草心，报得三春晖"，是中国人思想中最常有的一组关于为人父母和孝亲奉老的观念。在中国人的思想里，一方面，做父母的总应该好好抚养子女、帮助子女成家立业；另一方面，没有哪个孩子能完全回报父母的养育之恩，即使是最理想的赡养，也无法跟父母为子女所付出的心血相比，更何况，有时候当年轻人好不容易略有积蓄和能力去孝敬父母的时候，老人或许已经离开人世。然而即便如此，在这样的家庭里，也没人去计算这笔得失。作为父辈，尽心尽力去抚养孩子；作为子女，竭尽所能去奉养父母；作为老人，安享一份来自子孙的敬爱作为对曾经的战士最大的回馈。这样的循环不会因为某一代人的结束而结束，而是在这样的家庭中一代一代无限制地传承下去。正是这样一种每代祖辈安享、父辈全力付出、子女好像永远欠父母的循环推动着家庭的发展，社会的进步。对于中国人来说，这不是"温蒂妮诅咒"，也不是"庞氏骗局"，这是一个充满爱与承担的循环，正因为这个爱的循环，才让这世间充满了温暖。

在这样的家庭里，孩子活泼上进、敬爱长者，年轻人独立勤奋、关爱家人，老年人积极乐观、慈爱包容，一个家庭的三代人既相对独立又互为榜样，既相互关怀又相互激励，形成一代一代正向的交替循环。这种以爱与承担为核心建立起的家庭，通过代代相承的正向积累形成家族的繁衍，进而开枝散叶，丰富和发展整个人类爱的怀抱。这样一种爱与承担的循环，我们称为"庞氏循环"。正是在这样的现实基础上，退休人的生活才可能摆脱悲摧的老年和无奈的老年，而得到来自子辈与孙辈的双重爱戴，形成幸福的老年生活。这是我们千百年来最理想的一种生活样式。

（二）从不言老——建立庞氏循环的基础

少年，中年，老年，是一组用年龄来对人生阶段进行区别界定的词。当我们用"老年人"这个词来界定60岁以后的人时，实际上并不能准确描述60岁以后的人生状态，反而是带有偏见的，带有消极暗示的。我们需要有一种新的角度来重新界定60岁以后的人生，不以年龄为焦点，而以生活的状态为重点。因此，在"四段式人生"中，我们主张60岁以上的人不再统称为老年人，而是称为自由人，从状态来界定，代表一种精神和态度。60岁以下的人生状态则分为需要人帮助的"依赖人"和工作付出的"义务人"。

图 3-4　三种人生状态

1.依赖人

依赖人主要是指在人们学习成长的阶段中，尚没有足够技能弄到自己需要的食物、没有足够的体魄抵御敌人的侵犯、没有足够的智慧判断人世间的是非、没有足够的理解能力去化解无处不在的陷阱和危机，而是需要依赖父母、亲人以及社会组织的帮助才能顺利成长的一种人生状态。无论是经济基础还是三观体系，这一状态的人都还没有成长到独立状态，因此是一种依附他者生存的特殊状态。

2.义务人

通常情况下，工作阶段都是人们以付出和尽义务为主的阶段。在这个阶段，人们为孩子、为父母、为军队、为国家、为社会尽义务，为小家、为国家、为人类的进步付出努力、做出贡献。对大多数人来说，这是一个必须担当的阶段。虽然压力很大，但是目标清晰、方向坚定、动力充足、身体康健，在这个基础上，人们按照本分完成自己的工作，服务于他者，成为家庭最重要的支撑，也成为社会不可缺少的中坚建设力量。但是，对于这个阶段的人本身来说，通常是秉持"吃苦在前，享受在后"或者"后其身而身先，外其身而身存"的理念，以优先满足家人为标准，以隐忍为美德，实际上却是将自己置于最末的一种生活状态，仿佛自己活着就是为家人活着，为了养家糊口、履行义务活着，这种状态的人可以被称为义务人。

3. 自由人——建立庞氏循环的基础

有了30年左右的努力和积累，60岁过后，从原来的岗位上退下来，不再有强制完成的任务和工作，不再有高强度的作息时间安排，不再有那些处理不完的自己并不喜欢的事务，不再有任何事情都得别人或者大家开会讨论才能做出决策的烦恼……一切都变得自由自主，可以轻松惬意、随心而动，这时，人们就进入自由人状态。

生命的自主权是这一时期最大的礼物。当人们进入自由人状态时，便拥有了自己选择生活，自主安排生活的权力，不再像依赖人那样完全依附他者生存，也不像义务人那样有忙不完的他者需求要满足。在自由人状态下，最理想的状态是孔子所说的"六十耳顺，七十从心所欲而不逾矩"，也是心无挂碍，不在乎世俗的眼光，也不为年龄或者伤病所捆绑。这时，"每个人心里都住着一个爱玩的孩子"，只要活着的时候就要好好地爱这个世界，真正地活出人自由热情的天性来。

一个能真正享受到生命自主权的自由人，是对世界充满正念和喜悦的，他那轻松喜悦又独立可爱的状态会成为家人的榜样，也成为家人的温暖之源。从不言老，感恩生命，传递爱，这正是庞氏循环建立的基础。

（三）建立在庞氏循环上的四段式人生

"恭喜你，你生命真正的春天才刚刚开始。"这是近几年来，我常常会对身边退休的朋友说的一句话。每次说这句话的时候，我都是由衷地感受到他们终于摆脱了生存竞争的苦役，可以真正掌握生活的主动权了，那样的生活才能称为一个人真正的生命，一个真正属于自己的生命，可以重新来过，可以畅快地让自己活一把的生命。而60岁，不过是这段美好岁月的起点，一个奔向自主有趣新天地的开端。我也由衷地希望我的朋友们都能抓住这次幸运的机会，开开心心地享受这一段人生最美好的岁月，用快乐的心丰富自己的每一天，让自己这一生不白活、不憋屈、不遗憾！

通过对比分析三种不同的老年生活，在"幸福的老年"原型上，我们确立了充满爱与承担的"庞氏循环"作为我们未来生活的理想样式，提出"四段式人生"，即"学习成长—工作付出—彻底重建—二次生命"四个阶段的人生样式。我们要通过拆解细分、精准研究将原来粗暴划分的退休期重新界定为"彻底重建"和"二次生命"两个阶段，将原来被直接抛入的退休硬着陆转变成有清楚认知、准备和过渡的软着陆。我们要通过新增的第三阶段"彻底重建"来重新学习人的生命价值，找出藏在每个人增长的年龄里的、那些真正的尊严；我们要推翻"老而无用"的旧观念，找出做一个"自由人"的七彩之路；我们要给不同的灵魂找到不同的生命模板选项，建立新的生活样式和日常习惯，真正筑起每个人"第二次生命"的起点。我们不但要这样，要通过新的第三阶段来形成退休生活质的飞跃，还要以价值的重塑来引起大家对人生第一、二阶段的反思，甚至重建。

我们要像青春年少的时候那样，通过认真学习和准备，慎重地进入生命最宝贵的新天地，热情地创造新的生活。只要死亡没有将我们拿下，我们就要好好活着，我们就要做始终快乐的人，我们就该癫狂，就该像个快乐的孩子一样癫狂！

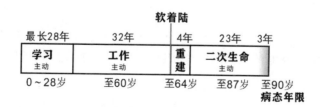

图 3-5 四段式人生

我们要自己做一个快乐的人，也要一起做一群始终快乐的人，让我们的爱在快乐中流动，把我们最美好的样子留给我们的朋友、亲人和子孙，让他们在我们的快乐中感受到世界对生命的慰藉，感受到自由岁月的美好，感受到未来的可亲。

1.学习成长阶段的新变化——人生的整体性认知

在三段式人生中，学习成长阶段的唯一目标就是"好好学习，天天向上"，一切为了就业做准备。从6岁开始到18岁的整个中小学教育就像培养机器一样，只有学习（工作）是最重要的，是唯一正当的。学校教育如此，家庭教育也是如此，整个社会好像都被生产工作绑架了。那些生命最重要的部分——休闲，作为人这台机器必需的休养维护部分，却一路被压制，最终被挤到生活最微不足道的角落。人们在这样的学校教育和家庭教育的双重挤压下，认认真真成长为一台不会休闲的机器。孩子不能玩，成人不敢玩，退休人不知道怎么玩，这种状况，在四段式人生中，将重新被审视，重新被建构。

承认人不是机器，承认我们不再培养机器，我们就将把每个人当作人来对待，从而承认生命需要游戏，承认会创造游戏、会参与游戏、能安享游戏是一种重要能力。事实上，对世界充满好奇，享受探究和创造的快乐，这几乎是每个孩子天生就有的一种能力。重要的是，我们如何重新创造"工作与休闲"这两者的关系。在旧有的工作与休闲的关系中，工作就意味着放弃休闲，休闲就意味着不能生产更多的价值，这两者一直是矛盾冲突的。在中国人引以为傲的民族品格中，勤劳苦干是我们典型的一种思维模式，这一民族品格在我们漫长的历史阶段带我们创造出灿烂的文明，但也在我们的人生中抹去了休闲的合理性，让我们很难安享一份游戏。最突出的表现就是，出于生存为第一目标的考量，在每个人的学习成长阶段，大量的中国父母不敢让孩子玩，很多成年人不能引导孩子将玩作为重要的生活内容安排进每天的日程中。

在四段式人生的视角下，我们将重新确定教育的方向，其中最重要的一个转变就是"不以就业教育为唯一目标，以幸福人生为教育方向"。

孩子不再被成人的生存焦虑所捆绑，不再被超负荷超长年限的学习压榨到逆反，父母在教育子女的时候能够不再焦虑于孩子的玩耍，而是能安享与孩子一起玩耍的时间。家庭不再是第二个完成学习工作的空间，父母不再是孩子的严酷监工，家人共处将变成共享休闲的快乐时光，快乐将真正降临到每个人心里，亲子关系、家庭关系都将大大改善。

每个人的休闲力将被正常对待，合理安放，允许成长。这种休闲力，包括能够创造快乐的能力，能够安享休闲的能力，能够感知幸福的能力，也包括能够合理架构工作与休闲的能力，能够合理安排个体休闲与家庭休闲的能力。在我们今天的生活中，这种休闲力正在成为一种极其稀缺的能力。而这种能力的培养将被放入孩子的教育中，这并不像别的学科一样会成为一种教条的背诵，给孩子增加额外的学习负担，而是以家庭共建的形式，让孩子实实在在地得到快乐和爱的补给，实实在在地培养成孩子身上的一种品性，能实实在在地让孩子爱上家庭生活、爱上生命与世界，并且能爱上学习的一种能力。

爱上学习并不是一种幻觉，也不是一个教条。休息和劳作其实是一个人正常的两份力量，一个休息好的人才更有力量去学习。一个想要创造好玩游戏的人，才会有最强烈的求知欲驱使他主动去学习、去找到创造的办法，这才是人们爱上学习的原动力，学习是一种更有意思的游戏，学习可以创造更有趣的游戏。这种创造力和学习力也将成为伴随人一生、带给人快乐的宝贵财富。

如果家中有真正有尊严又快乐的祖父母，有能勤奋工作又能真正快乐的父母，那么对于孩子来说，这就有了最理想的成人世界的模板。在他们身上，孩子会非常直观地学到怎样长远地规划人生，孩子也乐于认同家人的模式，乐于听从家人的意见。最终，在父母和祖父母的范本和正确引导下，孩子会自然而然地把"幸福人生"作为自己的发展目标来关注整体的人生。"有志之人立长志"，孩子将学会从整体人生的角度规划学习、事业、梦想和休闲，清楚自己真正的需要，清楚自己的定位，清晰拟订自己的计划，理性、公正地看待世界的一切，冷静、合理地做出判断和决策，稳步推进各项学习成长计划，又快乐又自信地度过这个学习成长期，最终全面地培养起自己的幸福力。

2.工作付出阶段的新内容——人生的整体性和谐

当我们以幸福为人生目标的时候，感受到幸福，创造幸福的家庭，就将成为工作阶段新的衡量标准。我们将从"工作的机器，服役的人生"这种三段式人生的旧模式里解脱出来。我们对自己的人生会更加积极地调控，一方面，在人生的当下，我们既能为自己所爱的人带来更稳定的生存基础、完成爱的付出，又能用休闲力和幸福力让自己切切实实地当下就感知到爱和被爱、感受到快乐和幸福、对自己进行爱的补给；另一方面，当我们看往人生的未来时，我们能从"有尊严又快乐的祖父"这个形象上得到鼓舞，让我们不再忧虑青春的消失、人生的无奈与无趣，未来将永远变得快乐可期；同时，在这样的家庭中，老人独立而快乐，孩子积极而坚定，伴侣一起分享快乐的休闲时光，家庭氛围变得以积极乐观、互相关爱为主，每个家庭成员的人生整体的和谐性都会增加。

当我们有了这样和乐的家庭、幸福的方向作为生命的支撑时，我们就能在既定的目标中稳步前进：清楚自己的事业是什么，知道什么样的事业既能实现理想获得价值感和幸福感，又能为幸福的人生积累必要的财富积淀，然后安心又坚韧地为之努力；会清楚自己应该结交什么样的同事友谊、什么样的社会朋友，知道架构工作情谊，并享受纯粹的朋友陪伴；会清楚自己要什么样的亲密关系，会准确地判断什么是真爱、什么是冲动，并能够实实在在去创造和享受一份充满爱与幸福的亲密关系；会清楚自己要成立什么样的家庭，知道该怎么赡养老人，怎么培养护佑自己的孩子；会清楚怎样才是对自己真正的爱护，在上有老下有小的压力下，能学会有节律地生活，有规律地锻炼，保护自己的身体健康，从而走上可持续发展的人生之路。

总的来说，在"幸福人生"的价值观指导下，四段式人生的这一个阶段，我们将用工作力、休闲力、幸福力共同构筑起幸福的家庭，积淀起构建庞氏循环的中坚力量。

3. 彻底重建的新阶段——人生的整体性重估与新建

这是一个全新的阶段，一个专用于重新建立自我和未来生活能力的时段，我们称之为"彻底重建阶段"。从这里开始，我们将接受一个新的价值观：人的生命不以生产为评判价值，而以真正的幸福快乐为价值。人们不因老而无用失去尊严，而因年龄带来足够的智慧得以获取从心所欲的快乐与幸福。我们将树立起一个新的理念：我的生命从60岁开始。我们将下定决心，用四年的康城时间，重建和重生"我的第二次生命"，最终建设起积极快乐、幸福安宁的生活样式。

事实上，在现有的三段式人生观念下，大多数人在退休前都做好了经济积累，也做了一定的心理准备，大多数人为退休所作的选择都是在"愤怒当下""清心寡欲"和"永不服老"三种样式中任选一个，随机随性的养老。但三种样式都并不真的是幸福安宁的生活，也并不能成为人的第二次生命，而只是无可奈何地面对生命的末期。生活在"愤怒当下"的人深深感觉自己理解不了当下的时代，把控不住当下的变化，变得喜欢过去、沉浸在怀念逝去的黄金岁月里，从而喜欢批评当下、愤怒他人、抱怨社会，在他们的心里充溢着不满、怨念和愤怒，在他们的嘴里，世界一天天都在腐化堕落，可憎可厌，简直令人生无可恋；"清心寡欲"的人会看淡一切，看空人生，认为一切终归虚无，因而失去目标、梦想和人生意义，失去生命的热情和欲望，失去奋斗和创造的激情，当这些生活的热情枯竭时，就会加速身体的衰退，先是变得乏力，最终变成消极无力，只待死亡了；"永不服老"的人会抓住青春的尾巴，用尽一切手法保持青春的外表，又用尽一切力量赶赴一场又一场的活动，绝不能让自己空闲下来，也不能安心地接受自己的力有不济，反抗是他们的武器，却也成为他们的束缚，让人不歇气的忙碌，他们会带给人生活的激情却也带给人反抗死亡的焦虑，他们没有办法安享生命静美的岁月，也没有办法呈现出宁静致远的境界。

在四段式人生的"彻底重建"阶段，我们将用四年的康城学习和生活时间，像年轻时从学校毕业进入就业那样准备好自己。我们会像年少时那样有一个对自己的人生负责的态度，年少，我们能为了未来的生存，认真努力地准备多年；现在，我们就能为了可以好好享受后边最宝贵的几十年"自由人岁月"，同样通过非常严肃认真的学习，来严格培养自己应对新阶段的能力，这是我们整个宝贵"自由人岁月"的起点。

在这个特意为真正的二次生命而休整存在的阶段，我们将参考各式养老范本，再重新做一次选择，选择自己真正想要的生活，以此彻底摆脱三段式人生中随机盲目养老的惯例做法。我们将勇敢地对自己的整个前半段人生复盘、重估，保留自己那些真正切近幸福和快乐的地方，梳理出那些不利于切己幸福的部分。我们将开始重新拟定计划，重新开始学习休闲力和幸福力，彻底抛弃前面阶段养成的恶习，用老鹰剔味一样的决心重新开始立体地培养自己，重塑生活，真正地关爱自己，充满激情而非沮丧地享受真正属于自己灵魂所安的自由人生。

这是建设自由人生活的一次机会，是我们对自己最美好岁月严肃负责的选择。

4.二次生命阶段——人生最美的自由绽放

"嘿，我生命真正的春天才刚刚开始。"

经过四年的重新学习，带着这样充满生机的美好信念，我们回到家中，我们已经彻底重建了自己的理念、习惯、健康、休闲、伙伴、圈层、爱好、梦想、目标、方向，我们重新拥有了终身学习的能力，拥有了开放和积极的心态，拥有了快乐和喜悦、自信和从容……

我们把爱与快乐带回家，感染家人，用自己的幸福实践成为家人的榜样，将自己在人生中所收获的、所有真正关于幸福的人生智慧，统统传给自己深爱的子孙，建立起真正充满爱与幸福的庞氏循环。

我们用一种全新的生活模式，开始享受真正自由的生活。我们将开始一次全新的生命的绽放，我们的二次生命！我们将和那些跟我们一起生活的人分享我们的喜悦和快乐，将那幸福的闪电告诉给每一个我们所爱的人，陌生人，我们也为他祝福。

没错，就是这一刻，我们自由的、快乐的、充满热情的、丰富多彩的人生开始了……

二、庞氏循环上四段式人生的目标

60岁好像有某种特殊的魔力一样，一下子整个生活都变得不一样了。原有的生活由于退休这件事，全部被打乱了，所有生活因素都发生了变化，思考的维度也由原来中年生活的多维度演变成老年生活的特殊维度，我们称之为"八维"人生。有些不该老年人考虑的因素，不再出现在生活的维度之内，比如上班打卡、不必要的开会、不必要的应酬、不必要的饮酒、不必要的熬夜加班、子女的学习工作等。但是，空下来的大把时间，我们的八维生活该怎么进行？

我们可能曾经都想过，看看身边的老头老太太怎么干的，我也怎么干，但是看他们一遛鸟就30年、一把牌打了30年、广场舞跳了30年，30年间原地踏步，除了头发掉了、白了，腿慢了、瘸了，脑袋不好使了……这样的生活，我们不会甘心的，我们必须改变，想办法改变，没条件创造条件也要改变。

这就是我们写这本书的初衷，我们要变被动等死为主动养老，我们要把生命调整到积极模式、自我救赎模式。我们从不承认自己"已老"，我们的退休是我们生命的第二次启航，我们要自信满满地为自己而活。

（一）重塑友谊，重建朋友圈层

通过学习和重建，我们将打破三段式人生中以生产价值交换为核心的人际关系模式，将重新认知和练习安享于陪伴的关系，重建真正安享陪伴的友谊。

人的一生会遇到很多朋友，会形成很多朋友圈层，同学、战友、同事、商业伙伴等。其中，同学圈层是最广泛的、最纯粹的、也是最让人怀念的。一般而言，因为求学阶段大多不发生生存问题，这一阶段得来的朋友大多是基于互相陪伴的友谊，就是在一起最放松、最安宁、最开心的一群人，这正好是友谊的真谛。当我们从同学氛围中毕业，进入工作氛围，本来稳定的同学圈层远离而去，接着面对的是工作同事圈层和客户圈层。生产价值的交换是这些关系的核心，他者是我们实现目标的途径，因此这个圈层的关系就夹杂了各种复杂的条件因素，有时甚至会变得朝秦暮楚、扑朔迷离、难以捉摸。这种性质的关系很少能带给人放松的安宁感，而让人常常感叹关系的功利性、人的势利性。

退休的时候，我们终于可以脱离前一阶段那些应酬性的关系，并且能够内心安宁地妥协于权力的更迭，从同事和客户等价值交换的圈层关系中走出来，留下那些还能在静美岁月里继续做朋友的人。然后，我们可以重拾一部分在前一阶段变得遥远的同学圈层，再叙同学情。最重要的是，通过康城的学习生活，我们可以重新选择真正志趣相投的朋友，在自己触手可及的身边，重新建立一个让自己舒适和信任的圈层。这样，我们就不会像小区里、马路边、村子口那些孤独的老人，对着一只小鸟说一整天话了。

通过康城式学习，我们将返璞归真，重新练习建设安享陪伴的关系。在这种新友谊中，他人就是他人本身，我们互相尊重，善待他人，也善待自己。他人不再是我们创造价值、实现目标的途径，我们对他们没有目的和交易，没有期望和失望，没有紧张和对抗，没有取悦和委屈。我们能做到纯粹日常的互动，能分享简单的一粥一饭，能一起晒太阳共享宁静的生活，能完成一场只是简简单单互相陪伴的旅行。最终，我们都可以达到友谊的真谛——我们在一起只是共享生命、共享世界、共享快乐和低落，也共享平和与永恒。

"作为一个老人，周围一切的平和安详让我心安。我对他们别无所求，只需要他们的陪伴。刺激、成就皆非我所欲。事实上，在这一刻，我除了现在所拥有的，什么都不需要了——我从他们脸上'看到了世界'。"[1]

（二）重建目标和信心，找到志同道合的人

在三段式人生里，养家糊口、积累丰富的财富、照顾家人是大多数人的生活目标，也是大多数人自我价值感和自信心的来源。到了退休的时候，这一目标已经不能再继续成为新阶段的内容了，很多人好像一下子就失去了目标和方向，感觉自己好像没用了。家里自有年轻人撑着，也不能再以积累财富作为这一时段的目标，这让人一下子就失去了信心和力量来源。没有目标，没有行动的方向，没有行动的意愿，这是老年生活最可怕的事情。

其实，不管是老人还是年轻人，健康生活的秘诀就在于拥有自我价值感。这份自我价值感不管是依托于为他人谋福利还是依托于自己实现，如果不想过得过于虚无懈怠，归根结底都依托于有目的、有意义地活着。如何有目的、有意义地活着，这个对人生进行抉择和赋值的决定必须由这个人自己参阅人世之后选择决定，其后，拟定目标，慢慢实现选定的自我价值感，收获实现自我价值的满足和安宁。

---

[1] 引自［美］丹尼尔·克莱恩：《和伊壁鸠鲁一起旅行》，北京：北京联合出版公司，2018。

在四段式人生里，我们会在重建阶段遇到一个新的目标，这一目标不再以他人为思考核心，而是以自己为观照中心。在人间康城，我们会以安享"自由人岁月"为方向，选择和设立各项可以达成的生活小目标，将自己的注意力从关注外界的得失拉回来，从今昔对比的残酷中走出来，专心于怎样重建当下与未来的岁月。谁说退休就没有未来呢？哪怕明天就是世界末日，今天也可以好好活着呀；对于今天来说，明天也是可以努力快乐的方向呀。

将自己重建为一个真正自由快乐的人，盯着一个一个的小目标，很悠闲很从容的达成，这时，眼睛里就不再只有阴翳，而是充满智慧沉淀的豁达，是豁达积累出来的积极和愉悦。如果身边还有一帮志同道合的朋友，那就太棒了。一起通过每一分细小的努力和快乐建立起自己对生活的信心和希望，建立起新的想要达到的、可以达到的小目标或者大目标，生活就将重新变得热情起来。行动的意愿将重新给我们的身体注满活力，宁静与活泼将重新充满我们的眼睛，我们活着，就变成世界美好的样子，变成人类美好的样子，变成家人最温暖的港湾，那是生命最温柔的安慰，而不再是幽暗与恐惧、肮脏与冷酷的苟延残喘。

在一个家庭里，最有能力建设幸福的应该就是长者吧。他们历经风雨变幻，承担过一切人类该承担的苦役和伤害，也见识过财富名誉的来去空空。他们是最有能力超越一切人世的外形，去思考幸福，专注于建设幸福的人吧。

当一个自由人找到了通往幸福的路，带在自己身上，带进家庭，那么这是一个多么幸运又幸福的家庭呀。

（三）重建健康习惯

事实上，我们是用漫漫的几十年坚持不懈地努力，才将自己的生活习惯建设得乱七八糟，才能生产出各种摧毁自己健康的疾病来。这挺不容易的，真的。我们得每天坚持不懈地用错误姿势扭曲我们的骨头，才能让它们早早生出颈椎病、腰椎病来；我们得每天坚持不懈地不好好吃饭，只吃垃圾食品，暴饮暴食，绝不规律三餐，喝很多酒，喝晕死过去，挑食偏食，才能早早地生出胃病糖尿病来；我们得每天晚睡早起，拼命压榨身体的极限，才能生出脑子里的各种奇怪病症来。除了时间在帮助身体衰退，最大的帮手就是我们自己那些坚持不懈的自虐了。

锻炼方式、作息时间、饮食结构，这些关乎健康的最重要的前提，要在漫漫60年的努力偏差下，才能成功筑出种种错误。但要重建这些不仅需要知识，还需要规律的练习，需要重建的决心和勇气，需要外界的助力。遗憾的是，大多数退休生活都被简单地理解为没约束的自由，反而走向了更加没规律、没节制、没意义的歧路，也就是走向了更加快速衰败的歧路。

在四段式人生中，通过人间康城的专业知识背景，我们会重新学习最新的健康知识，而不是某个医药保健品销售代表的伪健康宣传；我们会重新依靠团队的力量建立起规律健康的作息时间，烹调合适的食物，找到适合自己身体情况的锻炼方式，练习真正健康的生活方式；我们会用最大努力的重建来最大限度地推迟病态年限，从而享受那种能吃能走能唱能笑的、最简单的、健康长寿的自由。

（四）重建价值体系

学习阶段，老师会教我们如何建立自己的世界观、价值观，并认识自我。工作阶段，我们开始自己修正自己的价值观，同时会形成很多个性化的观念，比如消费观、审美观、择偶观、交友观等，尽量做到和当时的状况相适应。退休了，生活的方向和内容都发生了巨大变化，我们以前判断世界的这些价值观不再适合现在的生活，必须要重新按照老年人的生活模式来建立价值体系。只有建立了适合现在生活的价值体系，我们才能更轻松地应付老年生活。这些观念将从复杂多变演化成快乐极简，从贪生怕死演变成生死无畏，从不知所措演变成坦然的长寿。然而，事实上，在现有的退休养老生活中，并没有很多人在郑重其事地进行思考和调整，或者压根儿就不知道该怎么思考和调整，很多人都是采取茫然随机的自然演化。知识和教育放弃了退休阶段，这是智慧时代的悲哀。

三段式的人生建立在生产价值的交换上，并且以勤奋工作为美德，因此退休意味着对人的价值否定，进而对这一基础上生活内容和人际关系提出了质疑。工作中的人可以通过工作知道自己的定位，通过工作的回报判断自己的价值高低，但退休人不行。特别是终日一本正经的人，会立刻失去方向感、失去自我价值感、失去存在感，也就是失去最大的幸福感来源。

在四段式人生中，通过人间康城的重建操作，人们会慢慢练习将人的价值转移到自由人的乐观精进与宁静祥和上，不再以创造和使用交换价值为评判目标。人们将相信自己活着、活得乐观精进与宁静祥和就是价值所在，这就是自己在社会中的定位，在人际关系中的定位。相信并支持这一定位，退休人的尊严才可以从生产价值中解绑出来，享受自由人岁月，享受这一阶段新的高质量的关系。这时，人与人的关系就不再完全以可交换的价值为建立基础，关系可以变得简单，人们才可以真正明白和享受到安安静静的彼此陪伴就是幸福。这样的活着、这样的关系才能让人从生产力和生产率的焦虑中解脱出来，活出从工作竞争中退休而该得的宁静安详。这样的宁静祥和让自己充盈，这样的宁静祥和让家庭和美，还有什么比这一价值更重大的人生价值呢？

（五）重建生活内容

退休，最直接的改变就是生活内容的改变。除了帮助子女照顾家庭，养生与休闲成为这一阶段最重要的生活内容。以前没有时间去旅行，现在随时可以出发了；以前不能睡懒觉，现在想睡多久睡多久；以前没时间好好地做美食，现在可以随意地烹调；以前没时间体检，现在可以通宵去体检中心排队了……但是这些从来没有做过又想做的事情，是合适的吗？谁来告诉我们什么才是合适的旅行？到底是自己学会自我体检还是应该去医院排队体检？

大概无数个家庭都上演过同样的一幕：老人眼巴巴地望着子女，期望子女能有时间陪同去医院搞定那一堆复杂的程序，或者期待子女能陪伴着去见识自己从未去过的地方，再不见识就没机会了，旅行团又总是顾不上老人的喜好和身体状况，但子女却在工作日里辗转反侧，找不到时间。最后，退休的人们只好在市场的宣传下自己瞎猫乱撞、独自摸索，结果被某个医药销售代表或是保健品销售代表用疾病知识的讲解吓够了，又被他们的各种物质和情感安慰陪伴得久了，最后很信任地交上一大笔"学费"。回过头来，大家又痛心疾首，彼此都觉得不可理喻。但这并不是退休的人特别愚笨，或者不讲道理，而是市场良莠不齐，人们并不知道怎么去选择和判断。人们并不知道该怎么去选择和重建每天最重要的两部分生活内容！

三段式人生是紧紧围绕生产建构起来的，健康处于正常消耗状态，休闲处于被边缘化状态，也就是说，在三段式人生中，人们并没有足够的关于这两部分的知识和经验储备，到了硬着陆后的第三阶段不得不呈现出"病急乱投医"的盲目状态。

在四段式人生中，面对以享受休闲为最主要内容的自由人生阶段，以维护健康为基础的重建休闲就变成了"彻底重建阶段"最重要的部分。与其让人们在良莠不齐的市场上稀里糊涂地自生自灭，不如让人们在智慧研究的基础上，在人间康城的实践中，见识到真正健康的生活内容模板，让人们看到真正可靠有益的优质选项，让人们学会智慧的选择。在人间康城，人们会看到除了跳广场舞、下棋、喝茶、打麻将，休闲可以有各种各样的类型、团队和展示的机会；除了去医院、看测量指数、听销售们的教学，健康养生可以有更科学可靠的方式和专业服务。

总的来说，在四段式人生中，关于生活内容的重建会成为重建中最重要的知识学习和生活练习，让人们通过专业的学习，建立起丰富的可靠的生活内容，远离无聊和无力，远离恐惧和欺骗。

（六）重建家庭关系

走入退休阶段，人们不再是作为家中的主要生产者而存在，这一定位的变迁所带来的家庭关系的变化是巨大的。退休人的权威失落，成年子女的新权威确立，这是每个家庭最正常的演化，却也常常是矛盾重重的过程。如何处理这一阶段的家庭关系，这是一个非常需要退休人主动思考、选择和重建的过程，否则退休人自己既迷惑暴躁又失落痛苦，整个家庭也会整日纷争不安，子孙都将无从学习如何和乐地完成这一权力的更迭。

到底是带孙子还是放下一切去旅行？到底是搬到子女的城市去生活还是住在原地？到底是和子女住一起还是单独居住？在三段式人生，家庭关系依赖于生产价值的相互协作建构，退休的固有选择是帮扶儿女，成为家庭中最重要的助力，但绝不是主力；是帮扶，而不是指点江山。可是，很多时候，人们在认知不清的情况下，在本是帮扶的过程中却制造出各种摩擦，其中最为著名的就是中国的婆媳矛盾。长者看不惯家中的异己，究竟是异己的问题还是退休的价值失落，出现矛盾究竟是三观差异还是人际关系的边界不清，该如何处理，这些都是在四段式人生的重建过程中通过专业人士细致的梳理可以明晰的。

在人间康城，我们将通过专业的课程学习来重新认知如何做一个长者，而不是随机做一个老人，并且通过在康城生活的一个周期的实践练习，最终确立起来做一个长者的思维方式和行事方法。

（七）重建情感世界

情感支撑是每个人最大的幸福感来源，一段愉悦的关系可以在人体内产生大量的吞噬细胞等来吞噬消除体内的毒素、保护受损的身体、减少疾病的发生。这是众所周知的事情。但，我们也知道，享受一段美好的关系，这不仅需要勇气，也需要智慧。

在旧有的三段式人生的历史影响下，"男主外女主内"，这是典型的生产合作式关系。根据费孝通在《乡土中国》中的研究，在中国惯有的家庭关系中，夫妻关系是基于生存的生产合作，男人们更乐于跟其他的男人保持友谊，而不愿意跟自己的妻子保持亲密的情谊，女人们也一样。"儿女情长"在中国人固有的思维里常常是暗示着某种懦弱的。然而，这显然已经不适合当代的家庭关系了。在男女平等、男女同工同酬的社会基础上，夫妻关系不再是基于生存的合作关系，亲密关系本身成为人们对婚姻的新诉求。除了一般的日常协作，一段高质量的亲密关系所带来的幸福感成为人们对婚姻的更高要求。

在实际生活中，由于退休的生活已经不再建设在生产之上，对于一个领着退休金的人来说，需要的更是一份亲密关系带来的舒适感，包括彼此陪伴的放松感、亲密感跟和谐感。在中国当下这个特殊的过渡阶段，50后、60后、70后的人群中，有很多人都是遵循中国传统的生存合作式关系来选择和建设婚姻的，这就像历史遗留问题一样，在遭遇到当下这个时代对人性的解放和正视时，这些人群中有很多人想要重新建设一段新型的亲密关系。还有一种更常见的现实情况是，有些夫妻一直都是凑合着走过来的，双方的情感错综复杂，有时候只剩下生活于一个屋檐下熟悉的亲情，但是为了子女有个完整的家庭形式，或者为了不违背传统道义，有时甚至是为了面子，为了省得麻烦，强迫自己忍受着婚姻的不幸。对于这些情况来说，要么在原有的基础上重新建设亲密和谐的夫妻之道，要么重新开始另一段新的关系。无论是哪种方式，建设和安享一段和谐静美的亲密关系，都是需要方法和智慧的。

重建亲密关系，对于单身的退休族来说，看似是比较容易的，却也是比较困难的。相对容易的是不会遭遇更多的反对；相对困难的是单身族会很难适应生活的被干扰感。事实上，没有任何关系是完美的齿轮咬合，亲密关系的实质就是干扰和被干扰，互相掺和对方的生活，关键是接受和悦纳这种干扰与掺和。对于单身族来说，这是极其需要学习和练习的。

重建退休人的情感世界，实事求是地尊重人的感受，建设祥和静美的情感关系，让每个生命在人生最后的阶段获得亲密关系和谐陪伴的慰藉。在这个时代，在尊重人性与人权的基础态度上，这是不分年龄段的平等和关爱，也是我们在四段式人生中需要去关怀和积极面对的地方。

重建朋友圈，重塑友谊，重建目标和信心，找到志同道合的人，重建健康习惯，重建价值体系，重建生活内容，重建家庭关系，重建情感世界，这七个重建就是我们为真正自由人岁月所做的最好的准备，是为带领全家走入爱与承担的庞氏循环所尽的一份努力，是为我们绽放第二次生命找到的动力与方向。

三、庞氏循环四段式人生的重建途径和形式

为了达到最理想的自由人岁月，也就是既有自己个体的自由愉悦和充实，又有爱与承担的庞氏循环式的家庭发展，我们面临三个重建途径和重建形式的考量与选择：自我重建、结伴重建和康城重建。

（一）自我重建

自己革自己的命，这需要超强的自制力。

重建，这是一个挑战，而自我重建，这更是一个充满挑战的挑战。首先，这要求自己能认识到需要改变和重建的地方，并且有勇气、有信心、能下定决心去改变；其次，必须要有超强的觉察力和自制力，能扛过旧习惯的诱惑和瘾头，能扛过平台期的无力和焦灼，能扛过偶尔松懈的失望和泄气，一路坚持下去，直到新习惯建立。

然而，事实上，自己要强迫要求自己进行很多改变，在好不容易获得不受约束的自由阶段，这是不可思议的。根据大多数人戒烟、戒酒、减肥的经验，在不借助外力的帮助下，能彻底坚持到底的革命行为，并不常见。大部分人都是信誓旦旦地要做某一件事，坚持不了多久就找太多自认为是不得已的借口放弃了，隔一段时间，又会重复操作这个行为，如此往返3次，这个革命将以彻底失败而永远成为历史。

因此，在现有的情况下，自我重建者常常会急需并且也在迫切寻找结伴重建。

（二）结伴重建

当然是可以借助朋友或者有相同问题的人结成同盟来完成重建了。

通过共同设立目标、共同鼓劲、共同监督来建立某项习惯或者某项革命性的改变，这是我们最常选用的方式，也算是一个有效方式。只不过，一方面，这种选择的范围很有限；另一方面，时间长短、重建的力度和深度未经专业的研究和培养，其实都很有限，有时候甚至可能会完全走错方向，就好像健身不当反而伤身一样。

退休后，每个人面临的问题千差万别，需求也就千差万别，要在社区内、朋友圈中、同事中找到愿意相互陪同、相互监督进行某一单项革命的人是很不容易的。即使找到了，由于性格、毅力、认知、习惯、生活节奏的差异，能否坚持下去，都是一个非常不确定的未知数，某一天一个小事就可能导致前功尽弃。

实际上，要达到我们说的以自由人岁月为标准的人生彻底重建，这绝对不仅仅是某个单项的改变，也不是某一小点的改变就能撑到30年的，而是需要全方位革命。要在现实条件下如此受限的范围内，随机随缘地找到理念相似、愿意全方位革命的同伴，并一起长久坚持下去，谁都不得不感叹一句，这实在是太难了。

仅靠自我重建的艰难和结伴重建的小概率，都在呼唤能有一种全新的重建模式，既能提供最新的专业知识作为背景支撑，又能有最专业的团队来指导和陪同练习，还能有足够符合重建周期的生活实践来巩固新的生活方式，正是在这样一种情况下，我们设想出人间康城这一特殊的专业重建模式。

（三）康城重建

要解决自我重建和结伴重建的种种局限和苦难，最理想的方式、最成熟的模式，就是借助机构和组织进行体系化的重建，通过集体的力量和制度化的规定来找到立体、鲜活的自己。"人间康城"体系就此应运而生。

在四段式人生的设计中，我们开辟出一个专用于重新建立自我和未来生活的重建时段，这一时段的呈现方式在"人间康城"体系中是以四年全日制的本科教育来完成的。我们将重新像年少时那样认真地对待自己的未来人生，认真地学习和思考怎么去面对和建设自己的人生。在人间康城体系中，我们会通过一个有序有机的时段将每个康城人的整个前半段人生复盘，重估，通过专业团队的帮助，再重新选择一次，选择自己真正想要的生活，以此彻底摆脱三段式人生中随机盲目式养老的现状。我们会在"人间康城"孵化的各级学院完成集中学习和养成训练，把人们垮掉的自信心、健康运动规律、方向目标、爱好梦想、友谊和爱全部找回来，从而建构起真正的新生活，开启真正令自己心安幸福的"二次生命"。

总的来说，在新的四段式人生的视角下，人们将不再盲目地沿用三段式人生的标准看待人的成长、人生的发展方向、家庭的奋斗目标、人际关系的变迁和后半段旅程。人们将突破三段式人生对人生内容的偏见，对人生认知的不完整，开始从人们整个生活的宽度和整个一生的长度来重新建设我们的生活。最终，通过七大重建目标的逐一实现，我们将获得一个全新的、庞氏循环下的"自由人岁月"，带给自己，也带给他人乐观精进和宁静致远的岁月之美。

只有当这些建立起来后，我们再关注60岁以后的人生阶段时，再进行家庭建设时，才能认识到挣钱生存并不是我们来到这美妙世界的唯一目标，履行养家糊口这份义务并不是我们人生的幸福来源。我们会重新找到人生真正的目标和方向。那些关于幸福的秘密就会重新为我们打开。这时候，我们就会发现，幸福才是我们从一开始就该思考的问题，感知幸福、创造幸福的能力才是我们应该在整个人生规划中去培养的最重要的能力。有了这个目标和方向，我们的整个人生将充满新的希望，我们的每一个阶段都将有幸福的生机，幸福会从幼小时的一棵小苗最后茁壮成长为真正的参天大树。

人类，还是适合幸福的。

人间康城

——理想的老年城邦

第四部分

一个对自己真诚的人应该自行决定什么能够让自己快乐。

——［美］丹尼尔·克莱恩

"泛黄的照片里，每一张脸庞都是那么平滑饱满，充满年少未经世事的天真，那是多么美好的岁月，我们的校园。青青的树，明媚的花，我们在球场上自由地奔跑，挥汗如雨，畅快的笑声惊飞在路边草丛里觅食的斑鸠。它振动翅膀，一眨眼就飞到了教室旁的女贞树上。在绿叶的掩映中，它看到那一格一格的窗子里，流水般的老师在黑板前来来去去，那些刚刚还在闹腾的家伙已经乖乖沉浸在静谧的书香里，没有什么舴艋舟载不动的愁，等到下课铃响起的时候，大家嘻嘻笑着跟老师道完再见。这一个再见，却是几十年后，彼此都面容大改，教学楼早已不再是当初的模样，宿舍更没有旧日的风光。多少次，梦里总还会记起图书馆前的小池塘，那些美好的校园时光，道过再见却永远无法再见。永远吗？

"不，我相信我们一定还能再见，我还会再回到你的怀抱，就像当年从你这里起航，我的人生将再次从你这里找到新的方向，我的第二次生命！"你放下笔，合上本子，看着书架上的水晶合影，那是38年前的你们，多年轻呀。

你终于要出发了，你要去那个又熟悉又新鲜的地方，那是我们每个人记忆中的校园，又是我们每个人都阔别了很久、想念了很久的校园。你将重新走进一个新鲜的它，在那新鲜的地方再逢旧日的热情，再拾创造生活的勇气，再习得应对生活的种种新技能。这一次，你一定要打破当年青涩的羞怯，勇敢地站上那最大的舞台，把最想唱的歌、最想念的诗、最想跳的舞、最想说的话统统都绽放出来，为自己多年的迷梦补上曾经的遗憾，为自己珍贵的生命谱上华丽的颂章。只有在这里，人生最美好的起点，那曾经的和现在的黄金岁月萌芽的地方，我们才能再次获得大地母亲般的抚慰，养出源源不断的生机与活力。

嘿，那可爱的理想之地。

一、理想的退休生活什么样子?

观察现有的退休生活,我们发现,老年生活至少包含三个层级八个维度的需求。底层是生命保障层,包含吃、住、康、养这四个基本需求;中间是感知需求层,包含娱、旅、爱三个高级需求;最上是精神需求层,指影响力这种顶级需求。这三个层级八个维度的需求,我们称之为"老年需求模型"。在"老年需求模型"的基础上形成了老年阶段独有的"立体人生"。

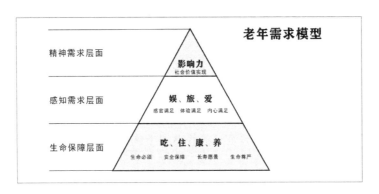

图 4-1 老年需求模型

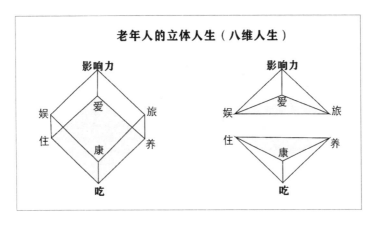

图 4-2 老年人的立体人生

（一）生命保障层级：四个基本需求

1.吃

老有所吃，老来能吃、会吃，吃得舒服、吃得环保、吃得健康，还有空气、水、日照、湿度等延续生命所必要的元素，这些，我们都要安全有序、充足均衡地获得。这是理想老年生活的最低保障，这是动物层面的生理体验感，没有满足这些体验感，其他任何体验感都不成立。

2.住

老有所住，心有所驻。

住得安全、稳定，住得健康、舒服，是老年生活又一基本需求。这一需求强调的是安全保障，是生命的防护体。任何时候，没有安定居住的房子，心就飘忽不定，没有安全感。没有可以安下心的地方，那些更高级的需求也就变得不那么重要了。这一需求，在传统的中国人身上显得尤为突出，俗语说"金窝银窝不如自己的狗窝"，对于非常强调"家"概念的中国人，住永远是在吃饭之外的头等大事，是最敏感的话题。

那么，住家里、住老年公寓、住社区养老院、住疗养院、住酒店、住学校、住集体宿舍、单独住……究竟怎样的住才是老年人想要的呢？

只有真正令老人感到安全、放松、健康、愉悦的住处才是心之能安的地方。

3.康

当吃和住这两大最底层的基本需求满足后，能不能健康长寿变得重要起来。这也是老年人和年轻人的需求差别最大的地方，老年人对健康长寿的需求会非常敏感，而年轻人基本不会关注这个问题。

那怎么样才能健康呢？

合适的作息规律，适合自己身体状况的锻炼方式、保健方式，固定治疗自己老年病变的医疗机构和医师，能减少生病概率的积极心态，包括健康平和的生死观、坦然面对变故的勇气、科学合理的世界观等都是保证健康长寿的必要条件。

4.养

老有所养，老来能养。

养建立在两个因素之上，一是钱，二是人。钱，有没有足够的养老金养活自己，有没有足够的钱进行保健来滋养自己，有没有足够的钱请得起家庭医生和住得起医院，有没有足够的钱请得起护工。人，选择谁来养自己，是政府还是子女，如果是政府来养老，有没有足够的养老机构和设施，有没有自己认可的方式和满意的服务；选择谁来护理，是子女还是医院护工，如果是子女来护理，子女有没有时间，有没有孝心、耐心、专业的知识；如果是医院护工，谁来出钱支付护工的费用，有没有足够数量的护工，护工品质的管理、监督如何完成。这些问题都是最基础的生命保障。

养，除了最基本的保养、养护、滋养、疗养、自尊、被尊等内涵，养的终极目标是给生命以尊严。这一生命的尊严在得到基本的尊重和照护之上，就开始进入第二个需求层级了。

（二）感知需求层级：三个高级需求

1.娱

欢娱、娱乐，是为了满足人们想要快乐生活、愉悦心情的需求。这是在基本生理需求得到满足后，更高级的视觉、听觉、嗅觉等感观需求变得重要起来的必然结果。表现为对音乐、美术、影视、戏剧、文学等艺术享受的强烈愿望。"娱"的最大特点是即时性。

在日常生活的地方都需要有享受这些艺术形式的设施，人们会把大把的业余时间消耗在这里，这就产生了近距离、小块时间的消费，这种被称为娱乐。它和旅行的大时间块消费形成互补，成为人们高级需求中的重要基础。这些随手得来的艺术享受，让生活变得丰富多彩。随意舒适地参与其中，最能体现实实在在的、乐活当下的快乐感。

2. 旅

旅行、旅居、旅程，是为了满足深度参与、过程体验的需求，进行的较为远距离、长时间的体验活动。这既表现为真实的长距离旅行，也包括一些更专注的虚拟的深度参与过程，比如"柏拉图理想国之旅"，不一定真的去到柏拉图的国度，而是通过文字描述进入柏拉图的精神世界，进行更虚灵的心灵体验之旅。这种与即时娱乐相呼应的感知方式，是安置大块休闲时间的机会。

这其中的旅行，是指到一个非自住地进行旅游、观光、度假，更多强调行走和运动。旅居则是指到远离原驻地的地方，进行长时间度假式的自购房居住、租房居住等体验，表现为定居、分时度假等状态，更多强调居住和生活。旅程则更强调体验的过程，可能是真实的，也可能是虚拟的。

旅行、旅居、旅程，这三个类型的综合成就了老年人老有所旅、老来会旅、老来常旅的生活方式，是一种令人向往的高级生活。

3. 爱

爱是人类特有的情感需求。按照弗洛伊德的理论，它的内核看起来更像生理需求的性，但是我们通常会把它升华为高级的身心灵享受。我们需要别人的爱，也需要去爱别人。爱是充分自由的、充分幸福的精神状态，它可以表现为恋爱、爱护，也可以表现为付出、助人、人助、赠予、领养、赞美、认可、支持等形式。爱与被爱会在朋友、家人、伙伴中产生、发酵和传播，也会在对自然的热爱、对人类的大爱方面体现出来。

爱与被爱是人类前进的极致动力。能够安享于爱，这决定着生活真正的质量。

（三）精神需求层级：顶级需求

作为精神层面的顶级需求，影响力，是自我价值感的重要来源。

在前面七个维度中，人们会尽可能让自我需求得到满足。然而人不会受制于自我需求的满足，人总是渴望能够自我实现，这种自我实现通常表现为梦想、信念、事业、自我价值、远大志向、成就感、影响力等。这些需求的实现，使个体得到极致的精神享受，是灵魂得到的最宝贵的财富。这种财富可以被尊重、被传唱、被歌颂，也可以深远地影响人类的终极价值，是人类具有历史纪念意义的精神资产。这也是人类最高级别的需求，尽管大部分人永远达不到这种境界，但对那些早有此志的少数人来说，这却充满了诱惑，并且终身乐此不疲。

然而，这并不是说影响力这种顶级需求就是大众完全无法企及的高峰，即使我们达不到最大限度的社会影响力，但我们在自己的家庭、亲友、后世子孙中的影响却是不可能不存在的。正是在这个层面上，影响力是我们每个人必须要为之努力的方向。当我们在自己的努力下，哪怕只是小小地实现一个一个的小目标、小梦想、小成就，但这种一直在实现自我价值、甚至是努力超越自我的积极努力就会在自己身边形成良好的影响力，会鼓励自己身边的人一起走在积极努力的路上，这对于形成爱与承担的庞氏循环是至关重要的。

根据以上三个层级八个维度的观察和思考，我们可以看到，最理想的退休生活，就是吃、住、康、养全部高效保障，娱、旅、爱都能有机完成，还能达到自己满意的影响力，完成自我价值认同，这就是每个个体最理想的退休生活，自由人岁月里的黄金生活。

二、理想的老年城邦——人间康城

"如果你是住在都市中，在都市里的各个地方有着形形色色的人在举办演讲或者开办研讨会，你可以参与看看。这么做的目的在于一窥和你目前为止的人生完全没有关系的领域，让他和你过去所习惯的世界产生不平衡，借由这样的体验将能够为你带来新的契机，让你回顾自己人生的来时路。当你越常接触对你而言是异次元的世界，你就越能够客观地看待自己，如此一来你也将能够隐隐约约地了解到自己现在在这个世界中所处的定位。这个定位到了现在已不可动摇，这样来说对于现在的自己你也应该放弃再有什么改变，你只是看清自己的本质做到的达观。如果你看透了自己现在在社会中的定位，对于接下来的人生就没有惊慌的必要，也不需要闷闷不乐的烦恼，淡泊地过好每一天，你将能够满足于这个充实的每一天。"这段话是日本茶道大师山崎武也所设想的"一流老人"的生活之路。他告诉我们，如果你退休了，你也应该去见识一下这广博的世界，在这广博的世界中重新认清自己的定位，在广博的世界面前谦卑下来，接受一切已经无可改变，从而获得欲望和焦虑的解脱，达到淡泊满足的状态。毫无疑问，这听起来确实是一条非常动人的路——既能积极感受世界的美妙，又能达到自身的超脱旷达，用淡泊无争来变成可爱的老人——很多人都很乐意这样去相信他，并也这样去忙碌着，奔走在路上。

然而，这样的见识机会既无序又随机，我们真的能很顺利地参与到那些我们真正想见识的领域中去吗？尤其是每个领域最为高妙的部分常常很小众很隐秘，我们如何在大海一样的市场中轻易地叩开门？就算我们有幸能找到那扇门，作为新手的我们又如何从零基础感受到那些真正美妙的部分？就算我们能感知些微的美妙，我们那些激动的新感受新发现新进步能跟谁共享共燃我们来之不易的热情之火呢？

不仅仅如此，我们探索新世界的乐趣所带来的快活之劲，这是多么宝贵的熊熊生命之火呀。正是在这样的生命之火中我们感受到自己的力量，感受到生活的美好，感受到未来的可期，我们真的要放弃吗？因为跟世界一对比，我们那么渺小，我们老了，我们已经无可改变了，所以我们只能跟多年旧习养出来的"不幸的我"认尿，并且一直尿下去，尿成不满而安静的一生？60岁，这个节点上，我们所想要的真的是这样无能为力的淡泊无争吗？

如果山崎武也给我们指明了一条拓展自己生活的道路，那么他也封死了我们真正享受自由人黄金岁月的机会。如果我们想要的不是无能为力的淡泊无争，如果我们想要享受真正的自由人的黄金岁月，想要实现理想的八维人生，我们需要去找到那扇门，需要有人结伴同行。我们需要有向导有卫队有好朋友一起前进，一起分享每一份新生命的乐趣，一起走过改变的历程，见识最美好的世界——我们的黄金岁月！

那，我们去人间康城吧。

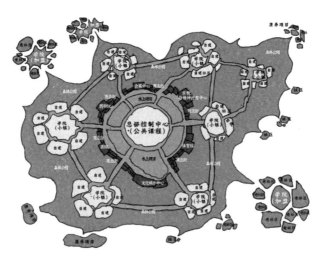

图 4-3　人间康城

（一）人间康城是什么？

人间康城当是我们为自己的辛劳半生而创建的应许之地。

在我们辛劳半生之后，来到这个迷惑的时期，我们想要有这样一个地方——一个能帮助我们重燃生活的热情，找到生活的方向，重建理想自由生活的地方。它是一个机构、是大学、是我们活动的场所、是各方交互的平台、是走入新生活的通道。它为我们激发生命力，为我们提供可选择的新生活样式，提供重建新岁月的方式和途径。它是我们通过固定周期的演练来落地四段式人生的现实模型，是我们理想的自由生活城邦。

在这里，我们可以像个孩子一样重新学习开启一种未尝试的新生活，不再是忍受为了生存竞争而学习的焦虑，而是享受纯粹学习的乐趣；在这里，我们可以学会老年社交的方法，拥有心仪的朋友，拥有共同前进的战友，也拥有困惑时的向导，无能为力时的卫士；在这里，我们可以养成良好的生活习惯，可以规律合宜地锻炼，可以学到自我健康检测的技术，可以得到健康体魄的保障；在这里，可以有各种专业领域的各级活动，我们可以学到艺术欣赏和创作的门道，提升我们的审美水平，也可以继续研究探索宇宙人生的奥秘，凝结成新的智慧；我们可以享受团队的热力，也可以在舞台上再次展示自己；在这里，我们最终会学到快乐、积极、有趣和幸福……

我们想要的是这样一个地方！

1.老年乐园

这是没有痛苦，没有压力，没有歧视，没有沮丧，没有隔阂的快乐世界。让老人们真正放下遗憾、放下嫉妒、放下权力、放下纠结，去追求无忧无虑、极限快乐的理想之地，是比理想国、太阳城、乌托邦还要完美无缺的城邦。

2.学习之城

简称"学城"，这是让人真正享受学习的地方，是一个教人如何快乐、如何健康、如何长寿、如何幸福、如何持续充满希望的学校。在这里，学生可能就是老师，老师也可能就是学生，大家互相学习，互相促进，互相取长补短。这里欢迎新人来学，欢迎旧人回炉，实行梯次培养，还提供上门学习服务。康城内所有老人都处于终身学习的氛围浸染中，每个人都学会了不懈怠、不消极、无负能量。

3.生命重塑系统

在这里，每个老年人的生命意义得到重新梳理、重新塑造、重新组合、重新建设。这里是唤醒生命激情的重塑系统，是人们自我生命起航的起点，是每位老人重新燃起梦想的爆发点，是实现伟大生命意义的第二起跑线。

4.健康之城

这里是最看重健康体魄的地方。每个人被强制要求锻炼，强制要求合理饮食，强制要求规律作息，强制要求定期体检，强制要求进行健康检测，大家全都培养起健康的习惯和健康的体魄。这里是全球寿星最多的地方，100岁老人处处都是，120岁老人不算稀奇，人类极限寿命一次又一次在这里被刷新。这里是全球最大的健康养老示范区，这里所有设施设备围绕健康长寿的理念进行规划设计，这里提供了所有老年健康长寿的必备条件。

5.森林城市

这里植被覆盖率达到70%，到处是漂亮的森林、湖泊、山地，绿道遍布全境，是全球含氧量最高的养老城邦。这里的参天大树上，布满了各式树屋，充满童真和浪漫情怀的老人可以上去居住，体验那种百鸟陪伴的梦幻生活。

6. 智能城市

根据迈克尔·巴蒂的研究："我们正处于第四次革命中，它本质上是机器智能、智慧城市、数字医疗保障和信息设备大规模涌现的时代。旧世界和新世界之间的巨大鸿沟的特征就在于从物质和能源世界向数据和信息世界的过渡。随着信息技术的发展，对尺度的物理限制会有新的可能。一个完全联网的世界几乎已经出现，城市的每个方面以及我们在城市中的活动都受到了数字技术的某种影响。"[1]即便如此，目前的智能城市所特有的自动化类型，也只有在人们智能地使用它们的情况下，才是智能或智慧的。在未来，人间康城将从本质上确保计算机和通信嵌入城市结构和日常生活中。这里是全智能城市，利用全世界最新智能研究成果。在这里没有一辆燃油汽车，实现了完全的无人驾驶；指纹、人脸识别以及身体全息识别技术在这里得到最大限度的使用，人们不再使用如手机这些近距离辐射的电子产品，任何地方都能找到传播信息和联络的工具，甚至对着电杆上的广告牌，就可以通过物联网和世界对话；也可以凭借贴在身体上的穿戴设备的传感器进行意念发送和接收，交流速度和单位信息量将是现在用嘴交流的上亿倍。嘴巴只用来进食、欢笑，和唱歌、演讲等真正的艺术享受。

7. 环保城市

这里没有汽车尾气，交通工具全部采用电动机车；这里没有工业污染，相关产品全部进口；这里没有尘土飞扬的建筑工地，所有建筑材料采用无尘材料和无尘施工技术；这里不允许使用发电机，全部室内电源均来自外部电力输入，所有室外电源来自沼气、太阳能及风能等能源……

---

① 引自［英］迈尔克·巴蒂：《创造未来城市》，北京：中信出版社，2020。

8.节能之城

地面全是植被，步行道、运动场所、观光文化场所和绿道网络生于其间，可以骑自行车，也可以使用无人公交系统和机器人服务系统。地下空间是防空设施，可以抵御核导弹的袭击。湖泊水体均可野外游泳，均有机器人驻守保护，两秒钟扫描一次进行救助。所有粪便随即处理，分解成肥料，通过管道输送到蔬菜大棚和农业基地，肥料出口有紫外线杀毒以保证肥料无害。所有房子采用太阳能板，所有雨水收集利用，所有风能、地热能、沼气等能源高效使用。所有垃圾做成有机肥料。绝对不用塑料制品，包装物体都用竹浆纸箱，用完了可以做成肥料。

9.AAAAAAA景区

（1）康城场地

"大海＋平原＋山地＋湖泊水体＋森林"五维结合，环境优美、空气清新、交通便捷、气候适宜，是养老、养生、疗养、度假的宜居住区。尤其值得一提的是有山区，方便探险、户外运动、越野、竞赛、别墅休养等。

（2）建筑风格

现代汉式建筑风格，中式现代园林。康城内流行中式礼仪、穿汉式服装。

（3）康城运营

作为全球最大最完美的老年生活景区，每年来自全球的参观者上亿人，每人需要充值1000元才可入内参观，直到费用消费完毕。这笔收入将被用来改善和维护城邦内的公用设施和体验内容，以保证城邦的持续更新。这里将是养老产业的世界总部，是全世界老年人的朝圣之地。

10.孵化机构

这里拥有全世界最为密集的老年高智能创业中心，每年有大量成熟经验被转化成成果，然后通过城邦内的交易市场卖到外面的世界。因为这里大量的经验被总结转化，所以是很多产业的智能源头，是整个产业链的竞争核心。这里孵化大量的财富大亨、艺术大师、科学家、著名专科医生……

11. 养老人才的黄埔之校

在全世界的康养领域，养老人才都极度缺乏。人间康城担负起了培养养老人才的历史责任。这里的大学内，除了开设老人们的学院，还有一个专门培养养老人才的学院。这里培养的人才种类均是按需培养，培养内容也是按需设置和研发，培养目的被设置成能解决所有老人们的问题和痛点。来自全球的各色人等，在各自选择的领域里学习，他们一半时间在教室里上课，另一半时间在陪伴城邦内的老人们，在陪伴中学习和老人的相处技巧、沟通方法、建立感情的渠道模式等。毕业的时候，他们一部人会自愿留在城邦内工作，一部分人回到原来的地方，成为康城分支机构的骨干力量，把康城理念带到全世界每一位老人身边去，帮助这些老人脱离被动养老的苦海。

12. 文化地标

康城不仅仅是一个纯功能的生活城邦，它还是一个文化地标，它肩负着全世界老年文化的传承、总结、发扬和坚守。这里记录下人类文化最感人的一段历程，也是全世界人文关怀最到位、最细腻、最真诚、最可见、最具体的范本。这里所有的研究成果都倾注着老人们的情怀，是经过若干老人们的不懈努力而凝结出的人类最高级的智慧结晶。人间康城成为全世界老人的第一精神家园。

13. 人类结构研究基地

这里还肩负世界人类结构研究职能，尤其是外部世界无暇顾及的老人研究。在这里，每年全世界进入老年群体的人、每年重病的老人、每年离开的老人都有大数据可供分析，从而给全世界所有国家提供人力结构预警和方案建议。

14.国际老年病学研究中心

全世界老年病理研究都在这里设有专门机构。这里有最健全的老年病学研究中心，有如阿尔茨海默症专门医院等最专业的老年病医院，吸引了全球顶级的老年病学专家来做研究，并为康城内的居民服务。

15.绿色食品基地

这里蔬菜及食品基地几乎不占用土地，全部运用营养液栽培，这些营养液全部采用城邦内的雨水、污水等杀菌消毒后调制而成。基地都采用恒温无菌种植，而且全部是机器人操作。除非城邦居民自愿申请，且经过无菌服装防护才能进入，除此之外，任何人不得强行进入无菌食品基地。这些基地都是采用室内多层空间，尽可能利用太阳能进行种植，绝对不用化肥和农药。

这里有专门研究老年膳食结构的机构，有专门配套的食材基地。这里可以找到世界上最环保、最无公害的食品种植基地和食品加工基地，真正做到绿色环保。这里的生产流程和场地全透明，全网视频无死角监控，基地内所有植物都被机器人编号收录，全世界所有人可以随时随地全方位监管每一棵植物，包括这棵植物做成的食物以及相关物联信息。

在这里，人们除了开发和享受快乐，根本不用受劳力之苦。劳动不是苦役，劳动彻底成为一种真正的享受！

（二）人间康城规模

总部占地20万亩以上，容纳20万人居住和学习。

（三）终极目标

人间康城是全世界最大的公益机构。它最具体的目标就是在20年内实现所有康城居民平均年龄达到120岁。它的终极目标是创造人类世界最快乐的家园，尤其是适合老年人生存的至乐家园。

在这样集老年乐园、学习之城、生命重塑系统、健康之城、森林城市、智能城市、环保城市、节能之城、AAAAAAA景区、孵化机构、养老人才黄埔之校、文化地标、人类结构研究基地、国际老年病学研究中心和绿色食品基地于一体的地方学习和生活、安养和创造，这才是我们想要的有品质的养老生活，这才是我们一生勤劳奋斗而应得的尊严和安慰，这才是我们想要的生命之地。

嘿，我们的人间康城！

三、人间康城的体系框架

人间康城是一个理想化的城邦，其体系框架包括康城五级机构体系、康城居民体系、康城管理体系、后勤保障体系、安全保障体系、医养体系和病托殡葬体系。

（一）人间康城各级机构设置

人间康城的机构体系，分为"康城总部—康城学院—康城机构—康城社区—康城旅居"，形成五位一体的结构。

1.康城总部

康城总部是整个康城的总控制中心，是制定政策、拟订计划、团队建设、后台管理的中枢机构，也是康城的信息中心、学习中心、学术中心、医疗中心、会务中心、研发中心、教育中心……

康城总部的核心是全球最大的老年大学——康城学府。康城学府下设一个公共教学中心、两个独立学院（医学院和人才学院）和若干二级专业学院，二级学院再辐射社区训练机构。

（1）康城学府

康城学府是经相关部门正规审批建成的本科大学，是以老年康养为核心展开教学的场所，学员全部是60岁退休的人员，致力于研究各式退休养老生活，培养学员的综合养老力。

（2）医学院

医学院有两项重要工作，为康城总部老人诊病和为整个康城系统培养医学人才。其中最为重要的两类人才就是专业病医生和私人医生。前者是治病，后者是防病。这在人间康城系统是最为重要、最受尊重的职业和岗位。

（3）人才学院

康城总部的人才学院是整个康城系统的人才教育基地，它独立于老年教学体系之外，是专门培养为老年人服务的其他类型人才。康城体系培养医、护、康、养四类重要人才，一方面形成四位一体的人才培养模型，另一方面培养大量新型人才——教育护工、私人顾问、夕阳护工、机器人护工等。

"教育护工"是为康城内那些子女没有时间照顾孩子的老人准备的。他们可以帮助老人照看孙子，既是护工又是家庭教师。

"私人顾问"是每个老人身边最基础的保驾护航者，是集私人医生、心理咨询、健康顾问三位一体的职位。

"夕阳护工"是专门服务于老人最后三年的人员。人生的最后一段时光是幸福人生不可或缺的部分，这个工作需要超级有耐心、爱心和体贴心的人士去完成，所以夕阳护工的年龄在40岁到65岁之间。

"机器人护工"是为整个康城的后勤保障队伍"机器人"服务的。这是一个特别的专业，预示着人类在整个体力劳动中解放的程度，也是维持康城总部体系正常运转的关键。

2.康城学院

康城学院建立在各个中心城市，分两种模式设立：一种是总部投资建设，另一种是和各中心城市的综合性大学进行合作。前者既有学习功能，还带有康养功能，后者只有学习功能。

3.康城机构

和全世界认同康城价值观的康养机构形成合作联盟，各康养机构出场地，康城出团队，共同把康城养老模式的福音带给更多的老人。

4.康城社区

"康城学府"毕业的学员，回到自己的原驻地，开办推广康城理念的培训机构、护理机构、社区大学、老年托管中心等场所，形成若干康城社区，把康城理念推送到更基层的每一个老人身边，让适龄老人都能受益于康城养老模式。

5.康城旅居

在全国具有度假条件的著名景区设置康城旅居度假区，为康城居民全国巡游旅居提供场所。所有康城居民凭借居住证件可以任意到访全国各大康城旅居度假区。

（二）康城居民

为了服务更多更广泛的人群，康城居民分为学府学员—永久居民—短期居民—来访者—管理人员六类。

1.康城学府学员：4年

人间康城的核心是康城学府，其核心居民就是康城学府的学员，这些学员交费学习，学满4年，修完全部学分，颁发全球承认的本科毕业证书。

2.康城永久居民：永久

经过四年的学习之后长期居住在人间康城的学员，被称为康城永久居民。

康城永久居民分为三类：第一类是通过在人间康城内置业成为永久居民；第二类是康城学府的终身教授、主任医师、学科专家等享受康城配备的住房而成为永久居民；第三类是人间康城的工作人员租住人间康城内的公寓5年以上、经过严肃申请和严格审批而成为永久居民。

3.康城短期居民：3～12个月

包括护理学院的学员、康城内工作人员、护士、医学徒弟、配合型演员、舞者、歌手、厨师等，他们是康城的短期居民。

4.康城来访者：1个月内

临时来参观访问、旅居、短期训练的人员及各类参会人员等来访者可享受为期1个月的康城居民生活。

5.管理人员

管理人员是负责整个人间康城运营的团队成员，工作满5年，可申请考核成为永久居民。

（三）管理制度

人间康城的管理制度主要包括准入及退出机制，康城奖惩机制，任职竞选制度和康城作息管理制度等。

1.准入及退出机制

（1）准入机制

人间康城是一个理想化的城区，对入住居民的文明素质有很高的要求，必须经过严格考核并承诺宣誓、签订合同方可入住。凡有新居民加入，一定为新加入居民举办欢迎和宣誓仪式。

（2）退出机制

包含自愿申请退出、犯错误强制退出、犯罪移送公安机关同时清除城籍等机制。

2.康城奖惩机制

（1）功者必奖

有突出贡献的人将受到表彰和嘉奖。最基本的奖励形式是分值，包含送花环、授予称号、把英雄事迹编入诗歌音乐中传颂等多种形式。不直接奖励物质。

（2）违者必罚

城邦有相应的惩罚条款，凡违反城规均按章处理，以让康城居民保持敬畏心，生发自豪感、荣誉感、归属感。

3.任职竞选制度

所有管理人员实行公开竞选、公开罢免和弹劾制度，包括康城学府的班长、学生会主席、社区领导人等。

4.作息管理制度

康城作息完全按照有益于身体健康和长寿的要求来设置时间，规律作息，兼顾自由。

如"康城午休噤声一小时制度"：中午午休是城邦的规定，只有在工作时间才能发出声音，在这一小时内，整个城邦噤声。但噤声期间，人们要做什么，谁也不会干涉。

如"康城夜间断网制度"：晚上10点至早上6点整个康城关闭网络信号，杜绝过度使用电子产品。

（四）后勤保障

1.老有所吃

（1）公共食堂：学生食堂—社区食堂—食堂外卖—商业餐厅。刷脸卡吃饭，饭后餐具收洗均由机器人完成。

（2）美食街区：搜尽天下美食，植入康城美食街，满足来自五湖四海的学员的不同饮食需求。

（3）食品生产：做最安全的美食。尽量做到食物精加工，连火锅都是精加工。厨房全部采用机器人，所有食品都要紫外线杀菌。同时，食物具有美感、人性化特色。

2.老有所住

（1）住房形式

宿舍—公寓—自有住宅—别墅—租房均可。不管买房还是租房，房屋均可自由置换。

（2）空间体系

所有空间针对老年的需求，打造成"住宅空间+娱乐空间+交流空间+互动空间"四位一体能激发活力的完美空间。

在卧室、餐厅和客厅运用模拟技术，打造魔幻现实主义空间。所有空间采用全视频空间，任何活动都可以在自然环境当中进行，声音、气味、湿度、温度都是模拟现实境界。比如，在海面上吃饭、在珠峰上歌唱、在丛林中酣睡、在万人会场演讲，能听到清晰的海浪声、丛林的鸟声、溪流的叮咚声、万人激动的掌声，能体会到大海上无际的波澜壮阔、珠峰上一览众山小的气势、森林中清新的梦境……

个性空间，每一个人都有一个可以随时打开的立体玻璃房子。冬天透明的玻璃可以享受阳光的温暖但又不受寒风的影响，夏天可以改变颜色反射紫外线降低室内温度。这个空间可移动可租赁，机器人会送到任何你想要的地方：山上、湖泊中间、地下室、楼顶……你可以在这些地方舒适地做自己的事情。

养护社区有多层次的室外交流空间。针对探视人群的需求，提供相应的停车、餐饮和住宿服务。这些空间与周边环境融合、共享，有效提高设施的利用率。

地下空间，这里可以容纳人们生活3年，以应对可能的灾害，比如核战争。

（3）设计理念

所有设施针对老年的需求而设计。

①整体养老社区设计：针对老年社区进行系列化的专项设计。考虑

健康老人在衰老过程中对介护空间和设施的需求，提供必要的配套服务、老年活动及训练、看护、医疗、运动休闲等综合性服务设施。

②特色度假环境设计：注重对地域文化及气候条件的尊重，充分利用地段景观资源，形成去障碍开放空间，营造度假式养生居住环境。

③促进运营设计：注重配套服务设施兼顾对外经营的可能性，同时利用绿色生态设施促进运营维护的高效低费，以减少老年人日常生活费用的负担。

④绿色生态内涵设计：借鉴国内国外优秀设计项目的长处，结合实地情况，在规划结构、单体设计、生态环保上运用科学的手段，使其能体现较高的人文科技内涵，建设环境友好型养老社区。

⑤环境的安全性设计

A.提高可识别性：入口景点、公共建筑等设计都应富有特色，创造出便于老年人记忆和识别的环境特征。

B.清晰流畅的路网结构：采用序列化的景观动线设计。

C.步行距离的控制及助力设施：老人体力减弱，各类服务设施宜控制在300mm内的服务半径，老人活动路线上设置休息座、扶手等助力设施。

D.注重无障碍设计

视觉无障碍：目力不及的环境会引发老人的不安全感，同时处于视线死角的老人也不便得到及时的照顾。

通行无障碍：促进老年人对各类设施积极有效的使用。

E.安全细节设计

a.公共空间

走廊：走廊走道扶手的延伸要增强安全感，必要时设计双层扶手。

座椅：设置硬质扶手、圆角收边。采用硬质泡棉，避免老人陷入而起身不便。

家具：稳定性高，避免老人支撑时重心不稳。要有连续性。做外开门设计。

b.个人空间

门口：放置自己的东西，突出个人空间的识别性。

门上：设置窗口，方便交流和管理。

c.所有的设施为轮椅考虑，采用水平及D形把手。

⑥通用设计的7个原则

公平性：不分对象，所有的用户都可以使用。

灵活性：适应大多数使用者的不同喜好和能力。

易操作性：提供使用简易的操作模式。

易感性：在必要信息上可多使用不同的模式。

宽容性：将发生危险和错误的概率降到最低。

省能性：不必耗费过多精神、体力就会使用。

空间性：注意适当的人体工学及空间。

3.老有所购

（1）沉浸式购物：采用3D虚拟技术，全息商业中心、购物中心、便利店，随时随地体验沉浸式购物。机器人送货上门。

（2）实地购物：采用一新一旧两个时空给人们生活以真实的时空定位。

新鲜的吃喝玩乐商业体验街区，在这里，人们接收到时代前沿的新鲜玩意儿，甚至包括康城学府自己研发的最新成果。

时间沉淀式老人主题街区，在这里，那些见证岁月的物品、残存的遗迹让人们对过去的记忆有了印证而不觉空幻。

4.智能交通

（1）公共交通形式：无人驾驶电动车（公交、大车、小车、双人车、单人车），自行车，步行。

（2）管理制度：城区内没有汽车停车场，来访者必须将车停在外围。直升机也不能进入。可以申请机器人接送。无人乘坐时车子走地下通道，载人时走地面。

（五）安全保障

1.公共安全保障

（1）采用校内无死角视频呼叫系统，监控系统，救助系统。

（2）采用全员机器人救助和安保队伍，后台控制系统，国家保护系统。

（3）采用自动消防系统。

2.个体安全保障

（1）穿戴设备：连接到后台控制中心，仅从健康的角度随时记录老人轨迹、身体状况。穿戴机器人要及时判断学员所做事情的健康指数，给出合适的建议。在老人有危险的时候，相关人员可以最快进行救援。

（2）全民救助和互助义务：康城全民学习合宜的擒拿术。如果监控拍到在保障自身安全的情况下，有见死不救的行为，会自动扣减个人的康城分值。

3.外来安全保障

（1）外来参观需要收费，且要通过无菌杀毒通道。

（2）全城晚上子时进行紫外线杀毒杀菌，营造无毒无菌城市。

（3）外围城墙很厚，高大，坚固。除非重武器进攻，不易闯入。

（六）医养体系（图4-4）

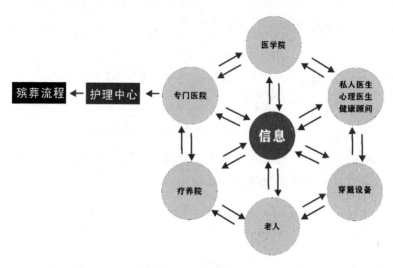

图4-4 医疗闭环

1. 医疗系统

（1）终端检测

由自我穿戴设备检测，自动检测预警。检测数据在私人医生、医学院、疗养机构、护理院间共享互通。

（2）诊所咨询

诊所是私人医生的办公场所，按照居民比例设置在相应社区，服务半径1公里以内。一个诊所10名私人医生，一名私人医生负责500人的健康检测和咨询，每一年根据检测数据给出保健方案。

（3）体检医院

在穿戴设备自动预警基础上，由私人医生给出建议是否需要做进一步深度体检。也可由居民主动提出体检要求。

（4）医学院

体检结果有病变异样，由私人医生推荐至医学院专家负责诊断治疗。医学院通过系统诊断后，给出治疗建议方案。如果是轻度综合健康问题，在医学院附属医院进行短期治疗。如果是器质性重度患者，转去专门医院进行深度治疗。

医学院除了诊治康城内的病人，还有一个重要的工作就是给国家培养人才。这里的人才不是通过高考来的初学者，因为康城医学院的医生都是行业的权威专家，他们在人间康城也不仅仅是医生，他们也是康城居民，在这里享受康城式老年生活，所以他们所接收的学生都是其他医院选送来的有临床经验的年轻医生。有这些年轻医生作为学生培养，这些专家就不会因为花太多时间在临床而降低在康城的生活水准，更多的临床工作交给年轻医生去完成，他们正好需要经验积累。

（5）专门医院

专门医院是真正的专门治疗医院，医院内所有设施、医生、护理方式等都是根据专门疾病进行高适合度配置。这里的医生及所有护理人员都相当专业、经验非常丰富。经过专门治疗后，若患者康复良好，后续恢复期就转入疗养院进行康复观察治疗。如果在专门治疗过程中，病情恶化，基本无法治愈的患者就转入护理医院，进行最后阶段的安慰性治疗。

专门医院中比较典型的是阿尔茨海默病医院。这些患者需要特殊的治疗流程和护理流程，专业性特别高。一方面，配备专门的阿尔茨海默公寓以帮助治疗照护，在功能设计、颜色搭配、公共信息上都进行针对性设置；另一方面，配备相应的专业护理人员为其提供人性化的服务。

癌症医院也具有专业性较高的治疗流程。其中化疗、放疗流程是其他患者用不上的，却有放射危害，因此，这些设施设备只放在专门的癌症医院，以减少对其他非癌症患者病人的身心影响。

传染病医院设置在康城下游相对封闭的山间位置，以减少对其他居民的影响。在传染病医院有标准的操作流程，成套的防护措施，以及人性化的单独隔离空间。

此外，还可有一些特色医院。比如，新疆沙漠设有风湿专科疗养医院，以减少南方湿度过大对患者造成的损害等。

（6）疗养院

疗养院只接收专门医院治疗后基本康复的患者。疗养院基本不再用药，旨在经由护士等专业人员的护理监督，做到康复痊愈，拒绝因过早离开监管造成复发，给医疗资源造成浪费，给病人身心造成二次伤害。

（7）护理医院

护理医院接收的病人情况不容乐观，但是来到护理医院，有专门的团队根据病人情况设计针对性方案，让其在生命最后阶段活得有尊严。护理医院最大的特色，就是医疗托管服务。这是全流程服务，不用给子女及其他家人造成困惑和压力。整套成熟的操作，既能照顾患者的感受，也能减轻生命最后阶段的痛苦给活着的人造成的心理阴影。

2. 康养系统

在人间康城，康养系统和医疗系统是分开设置的，以避免干扰和传染。

康养系统分为健康中心和养生中心。健康中心针对亚健康老人进行适度干预，进行康复性治疗，这个人群的大部分问题是可逆性的，通过专门干预，可以改善或适度恢复。养生中心，是为防患于未然，在身体还很好的时候加强自律性保养，让亚健康期和病变期来得更晚些。

这部分功能由针对性的专家团队来研究和解决。在人间康城，这个团队很多时候显得比医疗团队还重要。几乎每一位老人都有私人健康咨询师，健康咨询师很多时候都是由私人医生兼职，他们是康城学府单设且独立于医学院的健康学院培养出来的专业人员。

在人间康城，私人医生是个非常重要的职业，必须拥有医学院的学位，还要有健康学院和心理学院的学位，既懂得医疗又必须懂得康养才能做合格的私人医生。在人间康城，所有老人的健康信息主要集中在私人医生这里，如果遇到一个不学无术且缺乏敬老敬业精神的私人医生，其后果是难以想象的。

3.人性化设计

（1）医院采用独特设计，创造独特体验感

所有设施设备全部按照老年人的习惯和使用来设计。色彩充满活力，充满荷尔蒙启发力；音乐舒缓愉悦，可以个性化控制；所有治疗中心都采用隔离治疗；病房有巨大的折叠屏幕，病房四周的墙壁可以让人身临其境地在森林、河流或太空等各种环境中和子女进行视频通话；医生可以不用去病房，巡查房可以通过全屋视频来实现，体温、血压等数据都是穿戴设备或者红外线检测采集；药物不再苦，治疗不再疼痛；所有药物透明化管理，病人可以通过屏幕查询相关内容；医院饮食按照病人所需而定制；病房有合住病房和独立病房，但是独立病房会消耗康城健康积分，会相应减少其他有意思的项目体验，因此在人间康城要尽量锻炼好身体，少住院。

（2）对于有特殊需求的疾病人群，需要采用专门的设计

所有的专科医院都是在研究过疾病特征的基础上，围绕更有利于治疗的目的进行建筑和装修设计的。人间康城的设计师，在做医院设计之前，都必须与医生和病人充分交流，从医生治疗的角度、病人康复的角度综合考量，再结合美学需要创作更适当的设计方案。庭院里的树木植物必须根据疾病的特点，结合病理学和心理学的角度综合选择科学种植方案。病房内部，所有的设备不再只有白色，而是根据不同的病情和病人性格，设计成可变的不同病房场景，以利于病人更快地个性化康复。针对认知障碍的老人进行优化设计。认知障碍是指大脑的高级智能加工过程出现异常，从而引起学习、记忆障碍，同时伴有失语、失用、失认、失行等改变的病理过程。在老年人身体机能衰退的过程中，发生认知障碍的概率开始增大，这些老人行为和症状具有一定的特殊性，需设置针对性的设施。

（七）病托和殡葬，服务于人生最后三年

现有的情况是，人们大约在50岁以后病痛常随，在75岁以后会感受到肉体的衰竭，但这都只是人生的常态。只有那些真正困扰人的生活、剧烈拉低生活质量的最后的病态年限才是人生的"最后三年"。

人生的最后三年，不同于任何一个阶段，如何面对死亡是主要内容。如何降低痛苦，如何保持平静乃至快乐是重要课题。围绕这一目标，我们设计出一整套流程，包括慈善机构的引入、更轻松的三观建设、积极的心理学干预、提前介入自己的葬礼等方式，围绕以"精神生命"的存在和爱的快乐延续两个观念为核心，引导建设"快乐殡葬"，让所有老人坦然面对生死、从容看待身后事、轻松地度过最后三年，也让所有年轻人能在老人身上看到宁静祥和的生命尊严。这样既不给活着的人造成任何心理压力和负担，又能更加积极地影响后人，让后人更加灵活、更加充满爱与温暖的缅怀祖先。死亡的面具将在这里被彻底改观，死亡将真正成为人类温柔的长眠、灵魂的归属，而不再是旧式的悲哀与哭泣、恐惧与阴森。

1.引入慈善机构

设置慈善机构办公室，专注不间断地募集资金，主要解决孤寡老人或者经济特别困难的老年人养护问题，以及对少部分有特殊需要的人给予适当的帮助和照顾。坚持不抛弃不放弃的原则。全球慈善机构可在这里设置办公室。

（1）物质慈善

主要是养老金或者医疗费用的募集。可以和大量慈善机构、公益组织或政府组织进行合作，采用定点无缝对接的捐赠。通过网络平台，打

通捐赠者和受捐老人的通道，直接捐助到受捐者。中间机构决不收取任何费用。

（2）精神慈善

除了一部分人生活困难外，老人的生活更多是精神上的匮乏。比如，难以适应断崖式的退休生活，无法排解的朋友圈层的变更，身体上的退化造成的精神问题……这些都需要精神层面的帮助。对于那些可能付不起精神援助费用的老人，由康城相关机构和全世界的精神医疗机构联络组成联盟，及时帮助这部分老人走出精神胡同，面对阳光。

2.重新定义的三观（图4-5）

无论目送亲友死亡的经验，还是蠢笨肮脏或者冷酷无情的死亡形象，活到耄耋之年的任何人都不陌生。到了人生的最后三年，大部分老年人与家人都认识到生命必然会顺其自然地走到终点。老年人会自然地感受到死亡的逼近。借由在康城学府彻底重建起来的强大心理支撑，在大多数时候，康城人都已解除对想象中的死亡过程的害怕，然而到了人生的最后三年，真正直面死亡时，我们仍需通过进一步努力建立起支持自己度过死亡这一站的情感与心灵资本。

图4-5　重新定义的三观

（1）人生观

就我有限的经历而言，小的时候从村子去乡场，觉得乡场很大，后来去县城上学，才发现县城比乡场大多了，上大学去了省城，县城就又小多了。后来为了看清楚国家有多大，花200天去环游了整个中国，再后来为了看世界，走过一个一个国家。最近因为身边有天文学的朋友，所以对外太空充满了好奇，居然还在自家院子的楼顶安装了天文望远镜，在做旅游规划项目的时候，竟然还可以放进天体和星座……这样的体验，让人一度觉得更大范围的认知似乎触手可及！

2020年是特殊的一年，在以往的认知中，人类好像无所不能，人类的科技水平几乎已经发展到为所欲为了。没想到一个我们肉眼根本看不到的小东西，新冠病毒，一下子揭开了人类的遮羞布。数十亿之众的人类，被一击即溃。所有良好运转了几百年的体系被彻底摧毁。无论多聪明的人，都一时无法理清头绪。还好人类能够通过团结的力量来阻断病毒的传播，勉强应付。我们可以造出最长的桥连通任何一个水面，造出最快的火车和飞机快速到达世界每一个角落，我们可以建设世界上最高的几乎可以连接到月球的高楼，可以造出巨大飞船飞往任何一个想去的星球……然而却被那看不见的病毒和细菌杀个措手不及，在它们面前毫无还手之力。在这些被看不起的小东西面前，人类的生命只不过是它们的又一顿美餐……

往"大"里探索，这个世界没有止境；往"小"里追究，这个世界没有尽头。在"大"和"小"面前，人类知道得太有限，人类占据的空间也只有一点。对世界的所知并不格外可喜，对世界的未知也并不格外可怕，人类实际所处的点总是可知与未知的相接。

往"过去"看，一切终已消逝；往"未来"看，一切永远未来。在"过去"与"未来"之间，人类永远只能处于当下，人类所拥有的也只有当下。当下即过去的凝结、未来的开始。时间的流逝只是幻觉，唯有当下才是实有，当下即永恒。

所谓生命，最终就是人与世界的这个时空交接点。这个当下，我们在哪里，做什么，这就是生命。

我们能做的就是安享生命的现在状态，不庆幸生命的开始，更不惋惜生命的结束！坦然面对生命，实事求是面对当下真实的需求和感知，开心、快乐、幸福地活着，最好！

（2）价值观

人活着绝不仅仅只是吃饭和睡觉，人生的价值和意义是人们用尽一生追寻和实践的问题。价值观往往支配着人们怎样去选择，怎样去工作，怎样去生活。能体现人生真正价值的部分在于创造和贡献。一个人的能力有大小，无论是为家庭、为团队，还是为社会、为国家，只要贡献了自己的一分力量，人生都是有价值的。但只有那些有远大理想抱负的人，有美好心灵的人，有拼搏力的人，才能做一番真正有益于国家、有益于社会、有益于人类的轰轰烈烈的事业。

①内涵丰富的"利己"

以前读到"以集体利益高于个人利益为原则的价值观，才是唯一正确的价值观"这句话，发现这句话似乎有些问题，但是不知道问题在哪里。后来慢慢发现，在实事求是的生活中，个人利益是集体利益的基础，人民的利益是国家利益的基础。在实践中，如果连自己的实际生活都不能保障的时候，谈集体价值，那是不尊重现实的。现实中，只有合理的个人基本利益得到保障，才会产生集体利益。没有基本合理的个人利益，就没有强大的集体利益；没有每一个小家的幸福，哪里有国家的幸福？如果一个国家的老百姓都过得很苦，国家很强大又有什么意义呢？

从中国的传统文化来看，"利己"具有丰富的内涵。对于个人来讲，"利己"是自己单个人；对于家庭来讲，"利己"就是自己的家庭；对于国家来讲，"利己"就是指自己的国家。我们优先满足自己、自己的家庭、自己的国家，然后再去为很多人、很多家庭、很多国家做出贡献。

②最终归属的"利他"

"利己"不能一味只顾自己的利益，在基本权益得到保障后，则要创造更多的机会去帮助更多的人，把自己的剩余价值贡献给社会和国家，从"利己"走向"利他"。在人间康城，这里既反对违反规则的利己主义，也不赞成绝对的利他主义。

如果说"利己感"给我们带来安全，"利他感"则是人们在世间感受到幸福的最重要来源。在人生的最后三年，人们似乎都成了被照顾的对象，很少能找到自己身上的"利他性"，这种状况几乎让人丧失了活着的价值感，进而失去活着的尊严和信心。然而，根据岸见一郎的研究，"存在即贡献"，只要我们存在，对于身边的人来说就是一种贡献。那些看起来已经无法再有所作为的父母，只要他们活着，我们就还可以是个孩子；只要他们还在，就能凝聚全家人的向心力。

活着，让家人感知到自己的存在，让家人借由自己的存在完成他们的身份和成长，这就是人生最后三年最大的"利他"，最大的价值。

③理所当然的"享受"

在三段式人生中总是被忽视的"休闲"是时候得到它该有的庄重地位了。

人的生命是有限的，我们做出了贡献，付出了时间、精气、体力、智慧等自身独有的东西，获得相应的报酬，进行有益于身体健康、身心愉悦、家庭幸福的享受，这是必须完整完成的事。保护和提倡"休闲"，是我们对生命区别于机器的基本尊重。

一方面，60岁退休后的老人大胆地享受生活，大胆地去体验，去创造更丰富的人生过程；另一方面，到人生的最后三年，历经艰辛的学习，勤苦的工作，深刻的重建，热烈的绽放，最后，平静缓慢地安享生命的谢幕，这是生命完美的历程。

这是每一个年轻人的榜样。这样令人羡慕的生命旅程可以清楚地鼓舞后来者，学习时勤奋刻苦，工作时全力以赴，重建时认真踏实，绽放时勇敢热烈，离开时宁静祥和，这是人类最高质量的品质生活，这就是生命最美的样子！

（3）生死观

生的本义是草木破土萌发。就一株草来说，从生到死，有太多的可能性，缺水、缺阳光、缺肥料、病虫害、物理损害，凡此种种，都可以使一株草走向死亡。"生"需要千万个理由，而"死"似乎只需要一次小小的偶然。

人的生命也是一样。就个体而言，每个人都可以认为自己的事情是世界上最重要的事情，自己仿佛是世界的中心，坏事情就应该绕道走，好事情都要扑面而来。实际上，一个人的生命对于整个人类来说，就是一个很快被遗忘的名字，有的人甚至连名字都不曾留下，只是一长串死亡名单中一闪而过的数字；而整个人类生命加起来的长度，对于太空，还不如星星的一次眨眼。在个体和人类的夹缝中，我们的生命显得如此贵重又如此卑微。

这种贵重和卑微同呈的生命特性，让我们在思考死亡之后的未知世界时，常常感到不知所措。

到底要如何安顿生命才能既不过妄又不过卑呢？

终于，我们认识到，生命包括物理生命和精神生命。物理生命的终结是我们无可改变的法则，但对于精神生命的选择却是我们可以触及和努力的范围。

①物理生命

通常所说的生命消逝是指心跳停止或者大脑停止运动，生命细胞停止生长。这是物理意义上的生命消逝。

人的生命和其他生命体一样，是由60多种元素的物质机缘和合的排列在一起而形成。其中30%左右是蛋白质、油脂、维生素、糖类、无机盐等元素组成，剩下70%是由氧和氢组合而成的水。氧气是生命的重要物质，"人活一口气"，这个气在物理层面上指的就是氧气。生死之间，那口气没有循环上来，大脑持续缺氧几分钟之后，生命就终结了，这个过程并不复杂。从这个角度而言，人的生命实际是很偶然的，和其他动物没有多大区别。就像大多数人不会为死了一只老虎伤心一辈子，人的生命也一样，老和离开都是物理现象而已。

②精神生命

为什么很多人对物质的东西并不十分在乎，但绝大多数人都对这个世界恋恋不舍？

事实上，对于物理生命的必然离去，我们早已平静地接纳，而那真正让我们不舍的其实是另一种生命——人的精神生命。

精神生命通常体现在两个方面：一是对过去的回忆；二是对死后的念想。

我们的生命每一刻都在流逝，世事沧桑变幻，走到生命的尽头，漫长的过去好像一场虚空，唯有那些关于过去的回忆成为我们一生的财富，唯一忠诚的伴侣。回想起小时候，回想起青年时，或幸福、或后悔、或沮丧、或兴奋……这都是生命的一部分。关于过去的回忆让这段生命变得充满意义。一个人一旦完全失忆，对所有的过去全都忘记，就像这段精神生命没有了，那些体验的记忆没有了，人就彻底变成了一片轻飘飘的树叶，没有过去，也没有了未来，只能随风飘零。如果没有了过去的记忆，困惑、怀疑、失落、沮丧，都足以让生命的历程变得不真实而充满挫败感。对于一个老人来说，回忆是生命最重要的组成部分，那是生命存在的佐证，那是面对未来的支撑。一切都会失去，但我们的回忆告诉我们生命实实在在地存在。

在人类漫长的历史中，物理生命的消逝，总让人产生人生空无的感觉。人的一生"赤条条而来，赤条条而去"，这几乎成为每个中国人从传统文化沿袭而来的最基本的生死观。为了反抗这看似虚无得毫无价值的人生定位，我们的文化中又生出这样一种观点，"人活于世，离开的时候总得给这个世界留下点什么有意义的东西，要不然生命如浮尘，来时什么没有带来，走也什么都没有留下，感觉就像没有来过这世界一样"。我们生儿育女，为这个世界留下爱；我们努力工作，为这个世界留下文明的积淀；还有那些志存高远的人，会生产一些精神性的东西，留给这个世界智慧的结晶，给后来人一些念想、一些对话的机会。这样的精神生命，是很多有大志向的人毕生所追求的目标，哲学家、诗人、艺术家、科学家……都是如此。

对过去的回忆，对死后的念想，正是这丰足的精神生命让我们觉得自己的生命并非虚空。物理生命可以匆匆陨灭，但关于我们的记忆却可以一直言说着我们的存在，而那些珍贵的精神结晶则告慰我们对这美好世界的一片深爱。

3.适当的精神干预

飞机降落时为了尽可能减缓冲击而开始降低飞行高度，人的死亡也一样，最重要的就是如何进行软着陆。无论我们怎样坚强地走过前面的路程，真正面对死亡时，恐惧与不舍依然是我们常有的一种情绪，在人间康城我们会通过多种方式来帮助人们调节面对死亡时的心理状态。

（1）精神信仰：医院里的话总是冷冰冰的，但是，死亡的语言却可以不仅仅是冰凉的数字。关注细节、关注老人整体的舒适度，关注灵性的语言，根据宗教信仰、精神传统、心理状态来解读即将到来的转变，只有这种死亡的语言才能化解死亡的压力。通过经典书籍的阅读和传诵，我们会接受经典中的善良、美好、温和、豁达、超然，学会从精神的深层次找到依靠和寄托，找到真正放下自我的精神依据和力量，让空虚变得殷实，躁动变得沉静，贪婪变得善施，恩怨到放下，纠结到释怀……放过自己，放过他人，放过这个并不完美的世界。

在人间康城，私人牧师、心理医生、灵修导师和私人医生、健康顾问是同样受尊敬的职业，他们用合适的精神疗法贴近每位老人的心灵，化解老人们对死亡的恐惧和怯懦。

①私人牧师（天堂）：对接受基督教哲学体系的人，通过对天堂理念和永恒生命的信奉，可以让他们坦然面对所经历的一切，无论是财富和权力还是痛苦和仇恨。最终他们会借此放松对生死的芥蒂。

②公共禅修课程（因果轮回）：通过公共禅修的大课堂宣讲善有善报、因果轮回、内察自我等禅学思想，帮助老人放下对死亡的恐惧。帮助大家接纳死亡是生命的一部分，谁也无法回避，进而抱定"反正无法回避，何不坦然接受？"的态度，面对一切已经发生的和即将发生的。

③道家养生课程：庄子的《逍遥游》告诉我们，人生本是梦境般的过程，"恍兮惚兮"就是人生的最高境界，怎么说得清现在是梦境还是现实？睡着后想到的东西和场景栩栩如生，和不睡觉时体验的东西一样生动真实，到底哪个才是真正的逍遥？人生就是这样一个如梦如幻的体验过程。计较太多的东西，梦境和现实就只剩下残酷和沮丧了。因此，要有足够的勇气坦然接受每个生命体验过程中的方方面面，无论自己喜欢或是不喜欢。但这并不是说生命空幻，因此就只能束手就擒、静静等待离去。在人间康城，我们是反对把老年人群引向这种极端而危险的方向的。清修、孤独、封闭等让生命收缩的"彻底无为"，这种思想对于某一个人或者小群体来说无可厚非，但是对于康城的大群体，是无法接受的，不能更好地服务于大部分人绽放生命的需求。因此，我们将去除老人对道家思想的误解。"无为"不等于不做，无为恰恰是一定要做的，慢慢做，顺势而为地做，接受不完美，顺应身体自然，万物齐一，天人合一，这才是道家思想。通过这样的道家思想，我们帮助老人平静接纳死亡。

（2）心理咨询：一方面，通过普及一些基础的心理学知识帮助老人进行自我调节；另一方面，通过心理诊所、心理陪伴帮助那些有切实需要的老人度过精神困境。

每位老人都有私人心理医生。心理医生、私人医生、健康顾问共享健康信息，共同帮助老人维护健康。在可能的情况下，通过精心培养，心理医生、私人医生、健康顾问可以是同一个人。

4.可设计的葬礼

在日常生活中，葬礼是每一个人都不乐意触及的话题。除非是身边有人离开了或者即将离开而被迫介入，大部分情况下，人们都避之唯恐不及。医学研究重视的是治疗疾病和延长生命，家人关注的是如何让这段活着的旅程都轻松点，关于殡葬，我们常常因不愿提前面对离去的残忍而无法提前好好准备。然而，殡葬是生命过程中非常重要的一个环节，如果说死亡是肉体生命的终结，那殡葬就是肉体生命终结过后的善后程序。只有殡葬程序结束，对于物理上能感知的人，才算画上句号。

山崎武也在《一流老人》一书中说："关于我们自己的葬礼，就算我们会向家人表达自己的期望，最后还是应该全权交给他们，在外向众人表达是遵照个人意志，实际上则全权委托，让他们依照自己喜欢的形式来举办葬礼，此时我们已经是力所不能及的状态，这是理所当然的做法。千万不要忘记，在你走之后家属才是主角。""如果你希望亲戚之中有人能留下你的物品，请考虑在自己还活着，东西还没有成为遗物之前做生前赠予。"

这样看来，我们的出生由不得我们，我们的离去似乎也由不得我们，这本是一件滑稽的事实，但我们却总是不得不劝慰自己接受这样的结局。可是，有多少人离去之后被他人的信仰强加，有多少人在离去的时候还遗憾重重，有多少人带着悔恨甚至愤怒去往另一个未知的世界，又有多少人带着来不及尽数表达的爱不舍而去，那么，为什么不提前成全这些遗憾、悔恨、愤怒、爱和尊严呢？

提前思考自己的死亡，给自己列个葬礼计划，这是需要勇气和智慧的，但是，在人间康城，这是一堂必修课，是帮助每一个人消除"死亡畏惧"的修习课程，也是帮助每一个人圆人生最后一梦的机会。

（1）笑着列个计划：快乐殡葬——全新的殡葬模式

人对于死亡的恐惧，是对物质世界感知的留恋，是对未知世界不确定性的忧虑和恐惧。肉体生命离开后，不再对现实物质世界进行感知，对于将去的地方又一无所知，于是充满畏惧。如果我们能提前预知，或者能提前参与设计和建设这个地方，那么人们就会对自己设计和建设的地方产生亲和力，产生期待感，甚至产生熟悉感、依赖感和归属感。那种对未来不确定性的恐惧会大大降低，对死亡的恐惧自然也大大降低。

传统的殡葬总是以肃穆表达对死者离去的尊重，以哀思表达对生者伤痛的告慰，墓地多以长青松柏掩蔽烈日来表达往生世界的不可侵犯。这样的形式将死亡塑造得沉重、压抑、悲痛和恐怖，殡葬成了众人对恐惧的一次狂欢，这种狂欢以惨痛的悲伤为唯一形式，再无法接受任何别的可能。任何欢悦和色彩在这里都是不允许的，任何对死者离去的欢呼都被当成人情的淡漠、人性的扭曲。

庄子的妻子去世的时候，惠子前去吊唁，结果却看到庄子坐在灵前，岔开两腿，鼓盆而歌。惠子很不解，问庄子："你的妻子和你一起生活，生儿育女，衰老而死，死了你不哭泣也就算了，竟然唱歌，不觉得太过分了吗！"庄子却以"气形变化""歌哭大通"以对。后来，到庄子自己要死的时候，弟子们都觉得很悲伤，又想厚葬他，怕他被乌鸦老鹰吃。庄子却以"必有一死，何贪须臾"让弟子们放下悲伤，又以天地万物和日月星辰为陪葬、以蝼蚁与鸦鹰齐平来让弟子们放下对死亡形式的偏执。若说庄子无情，庄子却一生未曾再娶。若说庄子不爱惜生命，庄子一生却都在倡导如何全生避害。

悲伤，是面对死亡的一种形式，却并不是面对死亡唯一的可选形式。

辛勤一生，努力奋进，举案齐眉，敬老护幼，忠于朋友，服务社会，仰不愧于天、俯不怍于人，这样的人生完满的结束，难道不是对人最大的肯定和安慰吗？正如我们所知，没有人去世后再回到这个世界，也许这并不是因为此岸到彼岸是绝对残酷的单向旅程，也许恰好相反，说不定那个世界还真是个好地方，所以没有人愿意再回来呢。一个最好的世界，难道这不是对亲友社会最大的安慰吗？

在人间康城，我们进行"乐死"辅导，推行快乐殡葬，彻底改变死亡在人们心目中恐怖悲伤的形象，让老人们更舒适地走完人生最后一程，让家人们留存下对往者最美好的记忆，在以后的生命中更能向死而生，珍爱生命，珍爱身边的人。

快乐殡葬，通过让老人提前介入自己的葬礼安排，最大限度地满足一个人对自己生命离场的尊严要求。安葬方式、墓地选择、墓地设计建造、追悼会形式、悼词撰写、遗照拍摄、遗照相框的选择、棺材的设计、陪葬品等，这些提前介入的工作，按照人世间最优的、最适合的、最阳光的标准执行，建造起一个让往者满意、让生者得到抚慰的新形式。

（2）选个中意墓地

在中国的历史上，几乎所有帝王登基后的首要事件都是设计自己的陵寝，既是对自己生命的负责，也是对家国天下的负责。秦始皇嬴政即位的次年即开始修陵园。到公元前208年完工，历时39年。当时的丞相李斯为陵墓的设计者，由大将军章邯监工，共征集了72万人力，动用修陵人数最多时近于80万，几乎相当于修建胡夫金字塔人数的8倍。认真地对待死亡是我们的传统文化中很重要的一部分，然而，对于现在的大多数人来说，却几乎从未认真思考过自己最后的归宿之地对自己、对子孙后代究竟有怎样的影响。

墓地，这是件非常重要的事情。在我们的传统中，一个家族到达一个地区的第一块墓地往往成为后来的家族墓地的核心，并且在后来每一年的祭拜中不停地雕刻着家人子孙的记忆，成为他们对自己生命认同最重要的部分，"我们来自于此，魂归于此，这是我们的血脉根源"。墓地，在每一个来祭拜的后代子孙心灵上镌刻下家族的精神烙印，成为这一家族子孙的生命底色。在成年后，不管人们走多远，家族墓地的场景时不时都会在脑海中浮现出来。祖先的墓地最终沉淀为后代的精神内核。而这，才是生命真正的归属感，灵魂的归属感。随着家族在同一个地方墓地的增多，这种家族的内核会形成一种文化，一种可以传承、可以记载的家族文化，它会持续增加整个家族的归属感，甚至凝聚力。

这时，墓地形象的重要性就变得极为重要了，墓地的形象终究在人们的记忆中形成一个独特的"相"。千百年来，通过各种口耳相传的民间故事、文学艺术和墓葬仪轨，墓地在我们心目中的形象被塑造成"这里住着不可侵犯的亡者，他们似乎有着某种超乎生者的玄奥力量，一旦冒犯就会被诅咒甚至被残酷地报复"。阴森、恐怖、寂灭成了大多数人心目中传统的墓地的"相"。原本无能为力的亡者用这种恐怖的形象保全了自己的安全和尊严，但这一恐怖的形象也更加剧了生者对死亡本身的恐惧和逃避，加剧了人生离场的痛苦和无奈，因此，重新塑造墓地形象是"乐死"理念下"快乐殡葬"的首要部分。

第一，墓地的选址必须充满阳光、空气流通很好、周边噪声可控、交通便捷但不影响休息、让人安详且方便后人瞻仰和纪念，给本人及家人的感觉都要舒适、没有压力。

第二，墓地的表现形式可以具有开放性、多样化。除了遵循传统找块土地把身体放进去，还可以是一些生长型的纪念形式。比如，一棵树，一座桥，一所学校等。这些生长型纪念形式可以将生机、公益和奉献之心带给社会，也可以将这些宝贵的精神财富传承给整个家族。这些慷慨的、奉献的、达观的和积极的传统会影响到每一代子孙，成为家族的血脉内核，让每一位成员具有强烈的认同感和归属感。

（3）选择最需要的陪葬品

陪伴，是心灵支撑最重要的力量。尤其是在面对死亡的时候，一想到死后要一个人在完全陌生的环境里孤零零地待着，就觉得这是件让人难以承受的苦事。此时，合宜的陪葬品就成了安抚心灵的灵丹妙药，尤其是钟爱之物的陪伴，会明显减轻死亡的恐惧。不过选择陪葬品必须实事求是，体量不能太大。无论是出于对世界资源的爱护，还是出于现有土地政策的限制，都不应占据太大的地方。从小、从简，减掉所有流于形式的东西，如花圈、纸制品等，只陪葬生前之物，或者一些设计得很小的木雕工艺品放入墓地。

根据日本学者三浦展在《极简主义者的崛起》中的研究，在单身流行、"孤独死"成为一个重要社会现象的时候，出现了一种新型的墓葬形式，墓友、墓宠和共享墓。和朋友或者陌生人葬在一起叫墓友。这些陌生人多为单身人士，因扫墓之类的活动聚集在一起，他们的墓叫共享墓。墓宠是指很多单身人士想和宠物葬在一起，这也是很重要的一种陪葬形式。

（4）亲手设计葬礼和爱的告别礼

一个人的死亡离场不仅仅是离开人世而已，更是在家族世代行列中确定出他应得的一席之地，同时将生命、智慧与情感传递给留在人世的子孙的仪式。对于致敬逝者已矣和反思来者可追的人们来说，出席仪式去接受这份礼物是至关紧要的一环。这是丹尼斯·麦卡洛经过多年研究而得出的结论。然而，现实中，很多人的"送终"观念通常都只关注临终那一刻的"点"。在面临亲人即将离去的情绪压力下，很多人拒绝提前讨论死亡，甚至把这样的行为看成一种诅咒，结果白白错失让往生者的身体和灵魂得到最后安慰的机会。

在瑞典，经过医疗人员的尝试，"医疗转换的对话"让死亡不再成为一种禁忌。当医疗人员判断患者已经时日无多时，就会和当事者或者家属进行讨论，把事实的真相告诉当事者或家属。现在的身体状态如何、将来又会如何发展、大概还有多少时日等，这些事情全部毫无保留地说出来之后，取得患者的同意，开始减少服用负担较大的药物。"治疗所需的医疗"逐步转移成"平静临终的医疗"。在日本的芦花安养院，医师石飞用多年的照护经验告诉大众："我了解到正确沟通，不含糊其词这件事有多么重要。一直假装忽视终究会来临的'死亡'，到最后只会让自己手足无措，既然如此，不如在临终前天天互相讨论、思考，参考其他人的情况效果更好。"[1]

让老人接受必须离开所爱的家人独自"远行"的事实，和让家人接

---

[1] 引自 NHK 特别探访小组：《老衰死》，台北：三采文化股份有限公司，2017。

受自己所爱的人即将"远行"的事实，都是非常痛苦的。因此，对老人和家人来说，如何一起度过这段最后的时光就显得格外重要，既无法弥补也无可取代。

当生命走到最后的时候，老人常常已经无法自如活动，无法流畅地表达，有的甚至无法有清晰的意识，对于自己的离去或许还有未尽的心愿却也只能抱恨入地。对于家人来说，最痛苦的莫过于反复追问自己"他到底痛不痛苦，还能为他做点什么"，而"什么都不做和等待"则是最让人难熬的事，在这一过程中，不安、悲伤、遗憾，甚至构成以后多年的愧疚不已。在这种情况下，老人和家人都将错失这最后的静美相伴的时光。

通过"亲手设计葬礼"和"爱的告别礼"可以有效地解决这一矛盾。一方面，让老人在葬礼的设计和爱的告别中圆满自己人生最后的愿望。另一方面，家人陪同老人一起完成葬礼设计和爱的告别，可以有效缓解"什么都不能为他做"的负疚心理。"至少可以帮他做点事"和"我们已经按照他的心愿完成了最后的完满"，这样的心情可以帮助家人成功跨越悲伤，让他们在这个准备的过程中逐步接受亲人慢慢离开的事实，并且了无憾事的结局也让人能更好地怀念往生者，承继家人之爱永续不断。

从这个角度出发，人间康城会全力从旁支持老人、陪伴家属完成生前的"亲手设计葬礼"和"爱的告别礼"，以及最后的葬礼实施。

①观看别人的葬礼

一般而言，老人参与别人的葬礼总是容易触景伤情，因此，人间康城的老人会根据自己的情况选择性参与葬礼。通过观看别人的葬礼作为参照以帮助老人提前设计自己离开后的葬礼。但这里不提倡哭泣。

②选择殡葬方式：康城墓葬，传统公墓，传统土葬，传统天葬等。

③选择葬礼和追悼会形式：神父模式，中式祭奠等。提倡西式流程，庄重庄严但不压抑，流程简单但很深刻。

在这里的葬礼设计中一定会包含对老人灵魂的安抚形式。通过神职人员或者传统礼仪，安放老人对人生憾事的伤怀，也以天堂或者一个美好的世界来引导老人的情绪进入一种平静的状态。

④颂赞与欢庆——爱的告别会：在老人生前开一场"爱的告别会"。在爱与人道的氛围中，老人带着完整无缺的身份与尊敬成为每个人关注的焦点。

传统的仪式总是在老人离开后，生者在葬礼上哭诉和怀念、赞颂和原谅，但无论如何，这都很难再直接让老人感知到。如果把这些爱的宽恕和礼赞在老人生前就反馈给他，将有助于老人安享最后的生命，也有助于家人的和解与相爱。

"爱的告别会"不是一场悲伤的结局，而是一场和解与颂赞的欢庆，是爱的循环。在这场纪念中，那些曾经做错的事、无法做到的事都将被原谅，无论是老人还是家人亲友都能放下彼此心上那灵魂的枷锁；大家一起回顾往昔、讲述过去的故事，欢庆彼此的友好相伴和紧密连接，再一次感知到多年来深厚的情谊是彼此多么宝贵的人生礼物、多么重要的应对未知世界的精神支撑；大家一起颂赞老人广为人知的公众生活或较不为人知的私人生活，重新认识到老人存在的深度与广度，完成对生命最美好的价值归结，对人类尊严给予最高的崇敬，鼓舞和安慰面对最大未知世界的老人，也鼓舞和安慰活着的每一个人。

通过"亲手设计葬礼"和"爱的告别礼"，我们传统的送终从"点"的关注转变成从养老、护理一直延伸到生命最后一刻的"线"的关爱。这既是对老人的告慰，也是对家人的告慰，更是对每个人生命的告慰。

当每个老人的死亡都能得到足够的关爱和良好的支持时，这既是对他们辛劳一生的肯定和尊重，也是对后来者勤劳踏实走过人生的最大鼓励，更是对人类生命存在的一种珍视和欢庆。这让我们得以连接于全方位的人类情感之中，深刻感受到我们共同的人性，帮助每一个人以生命的崇高接受生命回环终究闭合的事实。

5.无限延伸的精神生命

肉体生命经过一段时间的生长、消耗，各项功能都会逐步老化，直到有一天，身体的器官功能不再能延续肉体生命的时候，肉体生命就会消亡。但是肉体生命离开后，在活着的人心里很长时间都留存着逝去生命的影像、语言等痕迹，这种痕迹是每个往者留在世间的精神生命。

精神生命对于逝去的生命本身没有意义，"人死了什么都不知道了"，但是精神生命对于活着的有关联的人却意义非凡。人的肉体生命消亡后，精神生命仍然可以延续和发展，这一存在依赖于生者的记忆和诠释。生者不息，亡者不止。

精神生命的延续和发展，一方面，与人们一生的行为事迹、内涵深度有关，生前贡献越大，精神生命就延续得越强、越久；另一方面，仅仅依赖于生者记忆沿袭的精神生命很容易衰减，而通过一些凝聚精神生命的物质载体可以辅助精神生命的传继。

（1）生命和树一起成长，认养一棵树取代传统的墓地形式

在生前认养一株树，终身养护，死后把骨灰用来做肥料，伴随着树一起生长。子孙无须扫墓，定时来施肥养护就算对祖上的尊重。树的生长会给子孙"祖先的生命还在生长"的感觉。在树根处设置一块小牌子，镌刻生前的成就和故事，或者给树以人名命名，让后人通过树的名字了解这个故事，以延长精神生命。

（2）生命之桥——捐建一座桥

桥的名称以人名命名，把骨灰放进桥墩的专门空间，桥头设置小型广场，纪念生前故事。后代子孙每年都来祭拜，学到的都是福泽社会的精神品质。其故事本身也可以自己流传，成为良善社会的榜样。

（3）捐建一所学校

学校内设置小型广场，放置捐建者雕塑以传播其生前故事。捐建者

不懈奋斗、慷慨回馈的精神会随着学校保留下来，成为学生的楷模。后代子孙亲人也可以不定时回来祭拜，感悟先人遗风。

（4）城市雕塑

修建城市雕塑等纪念卓越的贡献者。

（5）文艺礼赞生命

把老人的故事做成一本经典的书、一堂经典的课程、一个经典的故事或者一首经典的歌曲用来传唱。

......

积极的心理准备	自己设计告别礼	精神生命
更轻松的三观建设 更积极的心理学干预	可设计的葬礼： （1）笑着列个计划：快乐殡葬——全新的殡葬模式 （2）选个中意墓地 （3）选择最需要的陪葬品 （4）亲手设计葬礼和告别礼	无限延伸的精神生命 （1）生命和树一起成长，认养一棵树取代传统的墓地形式 （2）生命之桥，捐建一座桥 （3）捐建一所学校 （4）城市雕塑 （5）文艺礼赞生命……

四、人间康城内的生活方式

在人间康城内，通过四级机构和课程体系以及十四类课程完成学习，重建兴趣和梦想、娱乐和休闲、锻炼和保养、旅行和旅居，最终建立起全新的生活方式——一种真正为自己而活的生活，一种真正意义上的第二次生命。

（一）学习

通过正规、系统的大学课程学习，帮助大家学会放下过去的成就、遗憾、偏见、纠结、后悔、懊恼……无论是身体素质、心理素质、人际关系、价值体系等，在这里都会得到真正、彻底、革命性的整理和排序，进行生命的重建，形成全新的、极简的、唯一的、最合适自己的生命及生活的方式去开始全新的生活。

1.学府机构

人间康城采用"总部—学院—社区—研究社团"四级机构，把康城教学理论逐级辐射开去，尽可能来到每位老人身边，服务于每位老人。

（1）学府总部

人间康城的内核是服务于老年的大学"人间康城学府"，这是整个人间康城体系的动力中心，给老人们提供重建新生活的方法和能力。

学府总部作为人间康城的信息中心，储存有全世界60岁以上人口的基础信息，以便专家随时调阅和研究，也可以即时和全球所有老人通话以了解其生活状况，并提出有利的建议。

学府总部作为人间康城的智慧中心和人才集散中心，每年将向全球输送大量的养老服务人才。数以万计的适龄人群在这里学习毕业，肩负着把康城理念带到每一个老人身边的使命，他们以此为傲、乐此不疲。当他们回到以前的社区，带动一个一个传统社区走进康城体系，让更多的老人重新焕发生机，重新燃起生的希望。

学府总部作为养老生活中心，大量喜欢康城总部生活方式的老人在毕业后选择留在总部。有的直接购买总部房产成为总部永久居民，有的邀约志同道合的同学租住公寓成为长住居民，也有的干脆留下来做义工。大家喜欢这种在康城内充实、积极、充满希望的生活。这里每年举办上百种世界性的赛事、活动、论坛等公共可参与性活动，让每位老人在充实、期待、惊喜的节奏中过好每一天。

（2）专业学院

专业学院是康城体系的深度学习基地，是每位老人真正兴趣爱好的启蒙地、培养地。专业学院分为总部分院和地方分院。总部分院设置在康城总部城邦内，大约有15个。地方分院设置在每一个省会城市，选择一所包容性强的综合大学联合建设独立的康城专业学院。

专业学院的学习一般分为四年。第一年，老人们在这里都可以尽情地探寻自己真正的喜好。人们可以做无限制的尝试，哪怕在常人看来很滑稽、令人耻笑的事情，只要能得到快乐和幸福的体验感，都会得到教练和同学的肯定与鼓励，同学和教练会不遗余力地给予帮助。每年康城体系都会对创新的模式给予奖励，只要是对老人生活有帮助的发明都会得到嘉奖。

通过一年的尝试，每个人都会找到自己真正喜欢的方向，从第二年开始，专业学院的学习变得很专一。每个人都有自己选择的喜欢的导师和教练，然后进入这位导师和教练的工作室，进行严格的、有计划的训练式学习。这可不是现行社区老年大学的泛泛而学，这是系统的、深度研究的学习，我们称之为"大师班"。通过三年的专业学习，要求每位学员要达到普通大学研究生的水平。这些课程，不仅仅只是自己学会，还有相应的教学实验课程。要求我们每位学员学会做老师，必须能够把自己学到的东西很好地教给别人，以利于将来回到原来的社区能带动其他老人跟着学习，继而改变传统社区老人生活的整体生态。

（3）社区大学

康城体系的社区大学不是传统的社区大学，它是整个康城体系的基层机构，受整个康城体系的管理。社区大学是老人生活最真实的试验场，也是康成体系的神经末梢，肩负着大数据的收集和康城理念的基层普及任务。

社区大学开设大量的短期学习课程班为康城体系的老人服务。这里的老师都是康城专业学院毕业的学生，老师会发现有愿望成为康城老师的学员进入康城总部学习。由于场地有限，社区大学只有兴趣课程，没有体育课、健康课、运动会等，也不可能举办世界级的大活动，但社区大学每年都会推荐社区优秀学员到总部参加大型活动作为奖励。

（4）社团协会

社团协会是康城课堂教学体系的补充。通过社团协会每年策划举办大量的展览、研讨、比赛等活动，起到组织、联络、沟通的作用。真正落实"老年人的事情老年人自己做主"的理念，让老年人有事可做、有乐可找、有力量可使用。真正让老人们动起来、活起来。

2.课程体系

康城学府的开办目标和意义不是为了求职和就业，而是为了获得真正幸福的二次生命，因此传统大学中那些与老人生活没有直接关系的知识类课程将被削弱或者取消，兴趣技能类、老年价值观体系类、身心健康类课程等真正关乎生命生活的课程将得到加强。所有课程的考核体系也不是传统的分数制，而是以大众认知度作为主要考核方式。

所设课程的认定，不仅仅是教练和老师，主要是同学、参观者、网络评价者，尤其是要引进年轻人的评价方式，让老年人的学习不至于脱离时代。课程包括"总部必修课+学院专业课+社区兴趣课+社团展示课"四类课程。

（1）总部必修课程

总部必修课程属于基础课程，是康城体系的核心课程。通过这些基础课程的学习、演练和实践，通过体系化的培养方式，利用四年的时间，一点一滴地把老人们的生活底色夯实，把价值观确定下来，把习惯养成，老人们之后的生活才会得到真正的改变。

总部必修课程包括公共体育课程、健康体检课程、健康饮食习惯课程、旅游观光课程、人际关系课程、快乐的能力课程、科学作息养成课程、自我反思课程、游戏课程、价值观体系课程等。

（2）学院的专业课

学院的专业课是在确定个体的兴趣爱好、学习方向后进入的专业领域的精度学习课程。比如绘画方向的国画山水、国画花鸟、国画人物、油画风景、油画人物、油画静物等课程。

学院的专业课包括音乐方向的东方声乐（民族唱法）、西方声乐（美声）、民族器乐、钢琴演奏、西方管弦乐等课程；戏剧方向的京戏、川戏、越剧、豫剧、陕北皮影、意大利歌剧、法国宫廷戏等课程；综合艺术方向的装置艺术、烟火艺术、灯光艺术、大地艺术等课程；医学方向的所有老年医学专业课程；手工方向的手工家具、手工裁缝、手工木雕石雕等课程。

（3）社区兴趣课程

社区兴趣课程是专业学院课程的生活常态化体现，让学员回到原社区后得以坚持康城生活的一种日常保障。同时，社区课程又为总部专业学院选拔人才，推荐有潜力的学员到总部深造，持续提高康城体系的人才培养水平。

（4）社团展示课程

社团展示课程是康城学府学员水平的试金石，也是康城学府教学成果的试金石，更是学员的展示台。通过这些形式让学员获得被尊重的幸福感、被认可的满足感，以增加他们对生活的信心和希望。

社团展示课程包括画展、艺术节、音乐会、运动会、医学展会、科技展、演讲比赛、文学大赛、老年图书展、摄影展、巡回演讲活动、巡回演唱会、巡回医学讲座（老年病）等。

3.课程种类

在康城教育中，以核心理念、锻炼、医卫、健康心灵为基础，通过14类课程培养老年人的幸福力，并通过相应的实践操作逐步固化成老年人的幸福习惯，从而创造真正幸福快乐的生活。

（1）理念课程

当下，在三段式人生模式的影响下，大量的人群并不知道该如何养老。人们常常处于被动养老、随机养老的状态，对养老生活认知不清、没有目标、没有方向、生活内容不系统、没有长远的计划，很多时候关注点只能放在"找乐子"的低级层面。总而言之，单纯的长寿期待、乐活的"被养"期待成为主流观点。

在人间康城，"积极养老""主动养老"的观念是整个康城体系的基础，从单纯的"老有所乐、老有所养"向"老有所成"转变，在一个比较长远的框架下进行老年生活的计划。把学员从"退""休""养""老"旧价值观体系的颓废状态中解放出来，形成崭新的"二次生命起航"的理念，彻底改变养老现状。

围绕"积极养老""主动养老"建设起来的"二次生命起航"课程是康城体系的王牌课程，是最基础的课程。每个进入康城体系的人，首先，必须通过人生复盘课、主动赋值课、二次生命课等课程的学习对主动养老有非常深刻的认识和体会；然后，必须是愿意进行彻底改变的人，才被允许进入学府内进行更深入的学习。

（2）锻炼课程

好的身体是快乐老年的基础，这是和理念课程一样重要的基础课程。

首先，每一个学员必须完成公共体育课程。其次，每个学员需要学习和爱上一种运动项目，作为身体健康的持续保障。这两者都是强制性的，无论学员喜不喜欢运动，不过这一关就不能进入学府的下一学习阶段。

体育锻炼以因材施教、实事求是为原则，符合老年人身体的实际情况，既不能过度消耗骨骼、肌肉等，也不能全都用慢走蒙混过关。专业的教练和老师会根据每个人不同的身体指标，结合个体喜好给出科学建议，督促和帮助每个人养成习惯。

课程包括自己锻炼、帮助别人锻炼、带动团体锻炼三部分内容。

（3）医卫课程

医疗卫生课程是人间康城最重要的必修课程之一，是老人持续健康的屏障。

①医疗

在人间康城，除了医学院的学员严格学习专业的医学知识外，其他学员都会有相应的医学课程。

这些课程主要解决两个问题：一是对病理学常识的学习，了解疾病起因、经过、结果的全套流程，为自我防病打好基础；同时，对疾病有个全面科学的认识，一旦得病不至于造成恐慌和心理塌陷，为下一步治疗提供积极的心理支撑。二是学会基本的检测手段，能为自己和身边人进行诊断，这种诊断是参考性诊断，非医疗性诊断，也就是在疾病真正来临之前的预警性诊断。通过这些简单直接的数据及时分析身体出现的预警，提前通知私人医生进行干预，以预防真正严重的病情到来。

这些数据和私人医生的数据都连接到人间康城的医学院大数据平台，任何基础数据都可以被专业医疗专家调取，以进行及时的医学干预和治疗。

②卫生

卫生主要指公共卫生传播的知识。很多病变都不是原发性的，病毒和细菌的传播才是罪魁祸首，因此公共卫生传播渠道是需要严防死守的地方。只有通过系统的学习让老人们真正认识到细菌和病毒传播的危害和可怕之处，他们才能做出相应的改变，并采取正确的行动。

通过这些课程让学员养成良好的卫生习惯，杜绝病从口入、病从手入、病从体入、病从鼻入。一方面，通过"南美洲蝴蝶"的连锁反应、老鼠与黑死病、"非典"疫情、新冠病毒疫情等真实案例的教学让大家接受新观念。另一方面，通过全球著名瘟疫影片等警示大家必须改变行为。最后，通过采取必要的戴口罩、勤洗手、常消毒等常规手段以及更专业的手段强化练习，养成新习惯。所有新进人员和来访人员进入人间康城时必须经过如同机场安检的通道，这里配置了精细智能的设备以进行严格检测和人体无害化消毒。所有人必须严格遵守康城的卫生要求。

（4）放松课程

放松是自由的前提，老年生活属于自由度最高的人生阶段，但是如果不放松下来，一切自由都无法开始。事实上，很多人由于所处环境不同、所处关系不同、性格习惯等原因无法放松自身，这就需要借助外界和群体的力量来帮助其放松。

这个课程属于健康心灵的基础课程，没有快乐课程持续的时间长。主要包含自然呼吸课、音乐沉思课、疾病体验课等。

课程包括让自己放松、帮别人放松、让群体放松三部分内容。

（5）快乐课程

快乐是老年生活标配，没有快乐，再高级的养老都无法令人满意。快乐课程作为康城体系的基础课程是真正的快乐制造机。

每个学员通过微笑课、玩笑课、风趣课、笑话故事课等课程，强制学会自己微笑、逗别人微笑、笑料控场等。通过有序的学习和实践，学员培养起快乐的能力，持续影响身边的人，给身边人带来幸福感。这种幸福感同时也会回馈感染学员本身，推动学员生发更多的快乐给大家。只要有越来越多康城学员的社区，全民快乐的氛围很容易就形成了。

快乐课程包括让自己快乐、帮别人快乐、让集体快乐三部分内容。

（6）幸福课程

幸福课程是养老生活的基础课程，也是健康心灵的最高级课程。

一个人只有学会判断幸福、学会去享受幸福，才能学会幸福的生活；一个人只有学会自己幸福起来，才能感受到别人带来的幸福，才能感染到别人，大家都幸福起来。大家都幸福，整个养老氛围就幸福起来。沉浸在这样幸福的氛围中，大家才更能感知到真正的幸福。

在人间康城，通过正念课、幸福感知课、感恩课、创造幸福课等课程，学习幸福的方法和技能，锻炼幸福的肌体记忆，练习幸福的心念，培养幸福的实践，让幸福最终成为每个人的一种习惯。

幸福课程包括自己学会幸福、帮助别人学会幸福、带动家人及团队幸福三部分内容。

（7）解除嫉妒课程

嫉妒是人类本有的特性，是不由大脑控制的一种正常心理反应，也是每个人进行自我保护的一种手段。解除嫉妒可以从时间、空间和角度的改变来实现，通常称作"时空调节法"。通过这一课程，每个学员学会利用时空调节法达到心理平衡。

解除嫉妒课程是比较实用的老年人健康心灵课程，尤其是对于"返童化"较为突出的老年人更是一剂良药。

（8）人际关系课程

这个课程是人间康城体系最重要、最有特色的课程之一，是每位老人的必修课。关系，是人与人之间产生交流和交往而形成的一种情感关联，这种情感关联随着亲疏程度外化为不同的距离感。一般而言，同事关系距离感大于家人关系，同事之间的情感则疏于家人情感，而距离感越近的情感关系对人的幸福感影响越大。同时，年轻人之间的关系很多是制度形成的，比如同事关系、同学关系、上下级关系、客户关系等，老年人之间的关系则是软性的，没有制度保障。因此，对于老年人关系的建立和维护，对于提升关系的幸福感，都必须要有一套具有针对性的有效方法来完成。

①同学关系

同学关系常常是除了家庭关系和战友外最为稳定的情感关系，是相互陪伴时间最长、彼此最为了解、最为平等的关系。随着年龄的增长，人们会不由自主地开始怀念儿时的同学，无论是感动、信任、关心，还是尴尬、猜忌、误会，甚至是"嫉妒和仇恨"，都会成为同学重逢时会心一笑的幸福故事。同学关系通常自带情谊属性而非功利属性，不需要太多特别的技巧，没有等级差异。一起探讨学习的困惑、分享学习的快乐是同学关系的核心，这就像一场智力游戏带给人纯粹的情感安慰。

在人间康城学府，学员求学不再是为了晋级和生存，而是作为自由人享受学习和生长的乐趣，这就在本质上区别于人生第一阶段的同学关系。在这里，学员要建立起一种全新的同学关系，轻松平等、合作共建是其基本特色，陪伴共享生命是其本质内涵。

在这里，要求每位学员必须完成价值梳理、合作关系、班级活动和同学互动等课程的学习，必须同吃共住一起求学，分享彼此的生命故事，学会建立起真诚的、幸福的、稳定的同学关系，彼此珍惜，互相照顾，互相陪伴。

②朋友关系

在康城体系里，朋友关系有新的特点。第一，大家有基本的吃喝费用，有健康医疗，无须再为生存竞争而巧取豪夺；第二，大家住在附近，时间节奏差不多，兴趣爱好或趋同或互补，男女都有，不分年龄，不论国界；第三，通过同学相互介绍、老乡会、社团活动等，每个学员可以不断充实友谊圈，即使有朋友去世，也会有新的朋友加入进来；第四，大家都认同真诚是建立朋友关系的基础，没有真诚以待和真诚付出，就没有朋友，寸步难行。凡此种种，在这里，人们可以创建最美好的朋友关系——只为真诚的友谊。

跟同学关系一样，在这里，学员必须完成真诚课、表达课、沉默课等课程的学习和练习，学会对自己真诚以待，对朋友真诚付出；学会沉默和等待友谊的发展；帮助性格内向、缺乏主动性的同学建立朋友关系。

③家庭关系

家庭关系是所有人际关系中的第一关系，特别是在极重家庭关系的传统文化的影响下，中国人的家庭关系常常涉及夫妻、父母、子女和各大亲族等多维度关系，牵一发而动全身。怎么处理家庭关系是一门学问。康城课程体系研发了针对老年人的家庭关系课程，研究解决老年人家庭可能出现和必须面对的问题。

所有学员必须通过人际边界课、困厄扶助课、快乐共建课等课程的学习，建立起有条不紊、健康快乐的家庭关系。只有建立起健康家庭关系的老年生活，才能真正起航二次生命。

（9）困难课程

在人间康城，除了正向发展的课程，还会根据学员的实际情况开设一些逆向救赎的课程，困难课程就是其中之一。老人的生活和年轻人不太一样，会逐渐遇到一些困难。面对这些困难，至少有两个方面要做好准备：一是对待困难的态度；二是遇到困难怎么解决。在人间康城，人们通过困难体验课、解困演习课、新知普及课等一系列的课程帮助老人找到解困方法。

首先，在心态上，通过困难体验课、新知普及课等课程的学习和练习，培养起老人面对困难的自信和勇气。一方面，日益复杂、加速推进的社会发展和应接不暇的新事物，令老人眼花缭乱，生出很多意想不到的困难，每天都在制造老人的沮丧感和挫败感，通过学习，老人们提升了面对新事物的自信，也拥有了拒绝某些新事物的坦然和安定；另一方面，年龄的增长带来的思维力、行动力的逐渐减弱，每天都在给老人制造身体上和心理上的衰败感甚至愤怒感，通过学习，老人们能有足够的耐心和这些困难共生，平和地接纳困难，安享生活的其他部分。

其次，在实践上，通过策略课、解困演习课等课程完成操作层面的学习。所有康城老人必须掌握在康城遇困时的获助途径：穿戴设备的自动报警系统；人间康城内的全智能监控救助系统；私人顾问（医生、健康、心理、信仰）救助系统；自我紧急救助系统。

（10）自我疗愈课程

自我疗愈，主要是指个体在自我身心遇到挫折后自主进行的身心灵治疗。这种治疗脱离物质层面，在心理咨询等外界扶助之外辅助自我做日常心理挫折的愈合调整。这些心理挫折一般还没有达到心理创伤的层面，但在日常生活中损耗着老年人的快乐，造成失落、沮丧、低沉等情绪体验。通过自我疗愈课程的学习让老年人具有较强的自我调节能力，能解决各种日常的情绪波动。

（11）自我救赎课程

自我救赎是在和别人有关系的事件中影响到别人的环节进行补救的一种方式。跟自我疗愈不一样，自我救赎是一种关乎行为的外向型治疗。

在人间康城，每一个人都有自己的"人生积分"，所有居民都只能通过正面的事情积累，做负面的事情或者违反日常规则会扣除相应的积分。"人生积分"是每个人日积月累的工作、公益付出等换来的，不是充值购买得来的。这种积分是康城居民综合实力的展现。这种实力与通常所理解的经济实力和政治实力完全不同，是一种远离金钱评价体系的综合评价体系。

自我救赎属于这一康城评价体系中的纠错机制。一个人若是犯了错，通常是以抵扣"人生积分"补偿给集体或者受损方，然后再通过相应的补救措施进行自我救赎。每个人随时可以查询自己的得分，电脑会给出自救的建议方案，个体可以选择合适的方案执行，穿戴设备会实时记录救赎得分，让个体"复活"。比如，如果跟人约定见面，穿戴设备会根据约定的时间地点和GPS实时定位的时间地点来比对判断，迟到或者随意变更地址都会降低分值，改动地址的次数越多，分值消耗越多。这种情况下，只有通过同样讲究诚信、守恒、定力的行动才能补救相应的分值。而如果犯错达到法律的边界则移送公共司法机构处理，且积分清零，永不能再进入人间康城生活。

（12）游戏课程

在老年人的生活中，游戏活动是非常重要的休闲形式。积极参与合宜的游戏活动，畅快地享受纯粹游戏的快乐是保持老年人健康活力的有效方式。

游戏课程是由康城团队经过头脑风暴及严谨的逻辑推理研发出来。每个学员必须掌握三个基础的游戏活动；第一个是老年人之间的游戏；第二个是老年人与孩子之间的游戏；第三个是不分年龄的团队游戏，以便于老年人可以跟任何群体愉快地进行玩耍。

这些游戏既可以提升老年人参与活动的兴趣，也能锻炼老年人的思维力、避免脑退化，更能促进大家团结协作、和谐交流的能力。学员们不仅可以在既有的游戏活动中得到身体、心理、脑力上的愉悦享受，还可以自己参与游戏研发以促进游戏不断推陈出新。

（13）艺术课程

艺术课程分为艺术欣赏课程和艺术专业课程，前者属于基础类的通识课，后者属于高阶类的精修课。每个学员必须完成基础学习，根据自身情况自主选择高阶学习。

①艺术欣赏课程

艺术欣赏课是人间康城学员的必修课。旨在教会大家基本的艺术欣赏知识，增强一般意义的艺术欣赏水平，不需要学员对技能进行精修，只求在欣赏艺术品的时候，知道通过怎样的方式和渠道进入艺术的精神层面，和艺术家进行精神交流，在其艺术美感熏陶下获得愉悦感和幸福感。

②艺术专业课程

艺术专业课程，旨在针对音乐、美术、文学等文艺课程通过系统、专业、深度的理论知识学习以及技能训练，以达到很高的艺术造诣为目标，培养学员创造作品表达自己的情感以及对世界的感悟，并通过自己的作品去正面地影响更多的欣赏者。这种专业课程对于那些对艺术有真正梦想的退休人来说是巨大的福音。艺术大师的成长路径作为人类精神缔造者的成功路径，是他们尊敬、崇拜和向往的方向，但也是他们在之前的人生阶段难以实现的梦。现在，从60岁退休开始，他们可以完全专注于自己喜爱的领域坚持不懈地进行深度学习、训练和探索，没有生存的压力，无须取悦市场和他人，所有的创作依从本心，既能严肃创作又能大胆打破常规创造出很多很有意思的作品来。这些会给老年人带来巨大的生机、活力和幸福感。

（14）防止被骗课程

当下，利用老年人的善良单纯和信息闭塞来骗取老年人钱财的现象成了社会久治不愈的一个毒瘤，给老年群体造成很大伤害。防骗课程是针对容易上当受骗的老年人群研发，教会老年人如何识别坏人的圈套和陷阱以避免钱财和身心被损害。

4.毕业

康城学府是经过国务院批准的、国家老龄委主管的正规本科院校，所有学生学完全部课程后必须经过严格的课程考试，考试合格后方能取得本科毕业证。只有取得毕业证才能进入人间康城定居、工作和持续参与活动。

毕业成绩由两部分组成：第一部分是学术积分；第二部分是人生积分。

学术积分是指每一学科的考试考核成绩。

人生积分计算：（诚信分＋自信分＋健康分＋快乐分＋成就分＋事业分＋运动分……）－（错事分＋误事分＋小气分＋懒惰分……）＝最终得分。

两项积分以60分为合格分，80分以上为优秀，90分以上优＋，60分以下为不合格。不合格者不予发放毕业证。

5.终身学习

终身学习是进入人间康城改变自己生命质量的唯一机会。

第一，在人间康城，老年生活的核心全都围绕学习展开：确立幸福目标，持续学习和实践，持续获得学习的新体验，持续享受非功利式学习的愉悦感，持续获得学习结果的输出所带来的价值感，持续保持学习的谦卑以构筑与任何人（尤其是后生晚辈）交流的获得感和愉悦感，最终将所习得的开放的新思维、新技能、新习惯、新模式建构起来。

第二，人间康城理念主张终身学习，只有通过持续学习、持续保持能量、持续探寻有趣的事情，才能持续享受人世间真正的快乐，彻底绽放自己的第二次生命。

第三，当康城老人将终身学习的活力与姿态、谦和与开放带回家中，康城老人就将成为家庭成员的榜样，从而潜移默化地形成终身学习的家庭氛围，也为形成理想的庞氏循环打下基础。

在人间康城有一整套保持终身学习的科学办法帮助每位老人管理日常学习，同时以私人书童等形式提醒和陪伴每位老人持续学习。只要在康城学府有过学习经历，便可终身参与相应的回访学习。

（二）兴趣与梦想

兴趣和梦想是每个人生活中最核心的力量来源和目标方向，让人在充满希望的美好愿景中源源不断地生出创造美好生活的行动力。然而，这也是老年群体最容易放弃和忽略的内容，或者是最不知道该怎么去完成的内容。

在人间康城，首先，通过康城学府第一年的学习，学员们会寻找到自己的兴趣和梦想，订立起科学的、切实可行的小目标和大方向；其次，通过系统的知识和方法的学习，专业和科学的训练，组织和制度的约束执行，学员们按部就班地达成一个一个的小目标，循序渐进地获得进步和成长，持续充盈自信，最终达成自己期待的理想结果。

兴趣和梦想的发现和培养，事业理想的探寻和确定，是康城学府第一年的必修课，是整个康城生活内容的第二大板块，也是让老年人在人间康城找到方向感和归属感的真正力量，是促进康城老人健康长寿的真正基础。

1.兴趣——保证持续的快乐充实

兴趣是一种封闭的、愉悦的自我精神享受。在自己偏爱的领域中，兴趣几乎不受外界的干预和影响，也不尝试影响他人，只是随机的、随意的获得不断探索和重复体验的乐趣。兴趣一般不需要周密的计划、全力以赴的努力，是能带给人快乐却又压力最小的一种生活方式。

在人间康城，通过相关课程和系统机制的引导督促以完成学员兴趣爱好的培养。所有学员必须分层培养兴趣爱好。形式包括书法、唱歌、演讲、插画、茶道、看体育比赛等，其中画画、棋类、球类、科研等必须任选一样作为兴趣爱好。水准必须达到准专业级别。

2.梦想——给人希望和方向

在人间康城理念中，事业梦想是主动养老、积极养老的最核心主张。

在学习成长阶段和工作付出阶段，每个人都有明确的方向和目标，或者说每天都知道自己要干些什么，但是到了退休阶段，这一切都发生了改变。人们不太关心十年后会怎么样，自己要达到什么样的目标。一切都变得混沌起来。曾经拥有坚定目标的状态被随遇而安的状态取代。人们失去了生命的憧憬，也失去了生命的活力。在人间康城，人们尝试运用系统的理念改变这种认知现状，再运用系统培育的力量来开发"退休伪自由"掩盖下的巨大矿藏，激发每个人被忽视的无限潜力，或者说生命活力。

在人间康城，学员借助系统的规划和不懈的努力达到某种难以企及的高度，最终实现事业梦想而影响更多的人。这将带给他们完整实现老年八维人生的希望和方向，带给他们实现满足自我顶级精神需求的巨大幸福感。

3.梦想的确定——在兴趣爱好基础上的事业理想

挖掘每个人的理想，主要依据是对兴趣爱好的挖掘。当一个人长久对某种事物感兴趣，而且有深入探寻的欲望，同时不计报酬、不计得失，这可能就是他真正的理想所在。寻找理想所在，既有感性的一面，也有理性的一面。在探寻前期，有很长一段时间都是感性层面的探索和验证。直到发现对某个兴趣爱好的关注和向往从未衰减，再经过理性层面的评估，没有发现明显无法逾越的障碍，即可作为理想目标来追寻。这种追寻的过程和结果，即我们的事业理想。

在人间康城，大家通过"重忆儿时之梦""路途中的遗憾""兴趣课程梳理"等逐步探寻出每个人的信心之石、理想生活、梦想之花。每个学员会花掉整个第一年去找自己的梦想之花，多次寻找，多次复盘，直到最终确定出自己的事业理想。再拆解任务，一小步一小步的逐步完成。每一小步都并不太费力，但按着拆分的小步伐走，就可以稳稳地走向梦想之花、走向事业理想的实现之地。

4.实现事业理想的策略

一是极简。运用极简的思维清除干扰事业理想的多余爱好。

二是专注。让自己更加专注、更加彻底、更加义无反顾地去达成理想。

三是习惯。把对理想事业的追求细化到日常生活，变成生活习惯，长久地坚持下去。

四是方便。做到"念念不忘必有回响"，信手拈来，任何一个碎片时间都可以很方便地参与。

五是监督。通过学习小组、同学圈层、课程组合、考核目标等手段监督计划的执行。

六是展示。积极的反馈机制是管理事业理想最重要也是最有效的策略。定期的展示、研讨和比赛等活动是事业理想的试金石，它会像吸铁石一样吸引大家紧紧盯牢目标，会像马达一样催促大家勇往直前。

5.实现事业理想的操作方式

在人间康城，通过专门的管理机构运作对接全球顶级演出场地和展示机会，把大家的梦想当事业进行体系化管理，并且运用倒退制约的机制来督促大家完成事业梦想。

一是梦想人格化。以歌唱家、画家、书法家、诗人、作家、演说家、科学家、武术大师、著名外科医生、著名教授等确定具体的目标身份。

二是监督活动化。以个人演唱会、组合演唱会、巡回演讲、国际画展、书法展览、英文脱口秀等各种对应的展示机会督促行动。

三是多种承载形式。采用真实舞台搭载虚拟舞台的多形式承载。一方面，大量的国内国际真实舞台无缝对接全球互联网；另一方面，利用全息舞台帮助一些紧张的老年人在自己的家里也能顺利完成面对全世界观众的展示（在他看来周围一个观众都没有，其实已经呈现在万人大舞台上，只是观众看不出来）。

四是评价机制。首先，努力呈现即价值，肯定每个人的无偿付出就是自我价值的体现；其次，适当采用外部评价，比如，展示次数直接计分，影响的人数越多、点赞数越多得分也适当增加，分值作假则有相应处罚制度等。

（三）锻炼和保养：体育锻炼，强身健体

在人间康城，通过基础体育课，兴趣运动和专业的体育运动培养老人的锻炼能力，同时搭配日常综合管理系统让学员养成锻炼和养护身体的日常习惯。

1.强制锻炼时间

定时定点播放锻炼的音乐，专业老师领队，所有康城居民必须参与锻炼（除了正在做手术的医生）。

2.体育场地

总部体育场—学院体育中心—社区专门运动场地—社区健身中心。

3.体育赛事

通过开展多种层次多种形式的体育赛事促进学员保持锻炼的热情。

（1）校级运动会、院级专业运动会、社区比赛作为常规比赛项目，本着"参与第一、快乐第一"的原则定期举行，学员均可参加。

（2）世界老年运动会，由全世界的老年运动员参加，两年一届。

（3）专业锦标赛：健美项目、田径、球类等传统竞技项目，以及俯卧撑、引体向上、太极拳等传统锻炼项目。

4.适当的保养

在人间康城，除了自主的运动锻炼，推拿、足疗等传统保养手法也是老年人日常养护身体健康的重要方式。

（四）日常休闲

从老年人的八维人生来看，除了学习和健康锻炼，最主要的日常休闲事件就是娱乐和艺术生活。娱乐的核心是玩耍，在人间康城，通过专业的玩耍研发团队，将全世界各种玩法编成适合老年人的形式，并配备使用说明和实际操练中心教给大家怎么玩、玩得开心的方法。艺术生活包括赏鉴和创作，经过康城学习的老人能在这两者中获得长久的生长感和愉悦感。

1.日常消遣

（1）地点：书店、咖啡店、茶楼、酒吧等。

（2）形式：电影、棋牌、唱歌、桌游、全球最大广场舞——万人跳舞等。

2.艺术生活

（1）艺术赏鉴：音乐会、歌剧表演、美术展览、书法展览等。
（2）艺术创作：给人演出，参与团队演出，演出比赛等。

（五）旅行旅居

旅行旅居是老年休闲生活的重要内容，能带给老年人探索世界的好奇心和愉悦感。旅行旅居看起来很简单，很多人自认为无须任何专业知识便可游遍天下。事实上，丰富的背景知识可以带来更丰富的生命体验感，充足的准备工作可以让旅程变得更悠闲从容，而丰富的体验感和真正从容的休闲感才是一段好的旅行旅居经历。这需要专业的旅行线路的策划、旅行人文的准备、旅行伙伴的挑选、交通工具的选择、随行装备的准备、旅行意义的挖掘等。

在人间康城，专业团队根据老年人旅行旅居的实际状况研发出相宜的旅行培训，让大家学会在旅行中如何计划、如何防护、如何受益等。同时，人间康城也为康城老人设计和提供专业的旅行旅居服务。

1.旅行形式

旅游观光，休闲度假，自驾环游，户外徒步，房车露营，机车骑行，冒险活动（滑雪、跳伞、滑翔机、升降机、蹦极）等。

2.旅行范围

校内：每天1小时游玩。每周一次2日旅行。
国内：每季度完成一次省内旅行，每次3天以上。每半年完成一次国内旅行，每次6天以上。

国际：每年完成一次国际旅行，每次15天。

太空：包括体验舱虚拟太空旅行，以及未来的火星和月球探险。

3.交通工具

自行车、摩托车、小型汽车、房车、高铁、火车、飞机、载人飞船等。

4.定点旅居

中国地形地貌极其丰富，南北跨度较大，北方人偏爱于整个冬天选择到南方旅居，南方人偏爱于整个夏天到北方旅居，东部的人群偏爱去大西北和大西南，西部的人群偏爱去海边。因此，人间康城选择在海南三亚和贵阳建设分校区，对接候鸟型学员进行异地上课。在这些地方，学员可以选择购房、宾馆、民宿、学院公寓等形式解决居住问题，进行3个月左右的候鸟型旅居。学生公寓在闲置状态下也可接待来校游客，进行全球住宿资源的互相置换和整合。

（六）一种全新生活方式

通过14大类课程的培养和严格的日常管理，康城人最终会建立起一种全新的生活方式——完成一种学习与活动、付出与被照顾均衡发展的生活。

1.最高级的休闲生活——学习成长

在人间康城，学习被当作一种生活态度和生活方式对待。所有人在学习中享受着一种从未有过的勇往和愉悦，一种探索新知、突破认识、成长智慧的纯粹喜悦。在这里，大家把不断学习、学问高的人当作偶像，以学到新知而高兴，以创造新的智慧结晶而自豪；在这里，大家快快乐乐的一起探讨、一起切磋、一起作伴、一起前行，形成一个前所未有的学习氛围；这里到处都是读书会、阅读会、主题分享会、笔会、演讲会、诗会以及各类古典雅集等。学习，成为人们最高级的休闲；创造，成为老人丰富的生命经验的必然之果。

2. 最丰富的休闲生活——参与活动

有团队，有舞台，有伙伴，有老师的各式活动每天都在发生。在这里，康城人可以自由地选择自己喜爱的活动，勇敢地尝试，快乐地参与，享受活动本身的愉悦，快乐地度过每一天。

3. 最重要的休闲生活——劳动付出

在人间康城，劳动付出，一方面，直接积累被照顾分值；另一方面，成就个体生命的价值感，也成就个体生命的幸福感。

（1）每个人主要进行精神价值创造，而不需要任何体力劳动的捆缚。在这里，劳动真的变成一种权利，一种休闲享受，只有通过申请才可以参与这种休闲活动。

（2）劳动让个体的剩余价值可以回馈社会，每个人变着花样付出、做贡献。义务街头执勤、义务公务员、义务教授、义务警察、义务种菜等无报酬的工作带给老人充实的、有价值感的、有尊严的日常生活。

4. 最友爱的休闲生活——被人照顾

永远不再孤独和恐惧死亡的前提是持续有人陪伴、并且在真正需要扶助的时候有人及时给予照顾。在人间康城，这些真心真诚的陪伴与照顾都是自己换来的。

这里有同学陪伴、机器人陪伴、陪护人员陪伴、义工陪伴、家人陪伴、好友陪伴等多种可选择的陪伴形式。在需要的时候，每个人都可以申请适宜的陪伴和照顾。

陪伴他人、照顾他人是每个康城人自然而然付出的劳动；被陪伴、被照顾则是每个人自然而然享受到的友爱。

在对理想的退休生活的研究基础上，我们设想出完全满足老年需求模型和老年人立体人生诉求的人间康城，设想出它的定位、规模、目标、体系框架和生活方式。在人间康城，我们设想着通过孵化各种养老模式让每个人的未来生活做到可视化选择；通过培养各种养老技能（身心灵理行）让人们可以实际操作人生的第二次生命；通过各种少年与老年、青年与老年、老年与老年的劳作结合来创造更多的智慧之果；通过各种专业建设帮助相关领域更深入地发展。

人间康城，这是尼尔·波兹曼所研究的早期学校的理想状态——学校，真正意义上是人们享受高级休闲的地方。在这里，"老"字的另一种形式——"老师""老手"——有丰富智慧、有丰富经验的前辈终于呈现出来。老年，不再是废退的代名词，而是智慧的化身；老人，不再是老旧落后的边缘人，而是真正被尊敬的行业前辈、智慧尊者。在这里，退休人通过不懈的学习，通过强大的团队练习，最终完成生活模式的彻底重建，完成生命的质的飞跃——一种永远在生长、永远未完结、永远充满生机和希望、永远洋溢着智慧和活力的生命！

这才是最理想的老年生活！

泛康城模式

——尝试影响每位老人

第五部分

爱在左，同情在右，走在生命的两旁，随时撒种，随时开花，将这一径长途，点缀得鲜花弥漫，使穿枝拂叶的行人踏着荆棘，不觉得痛苦，有泪可落，却不是悲凉。

——冰心

"嗨，老同学，再会。"

"哈哈，小同学，加油。"

最美的日光下，你和大家又一次挥手道别。明亮的笑容绽放在每一张历经世事的脸上，希望和信心跳跃在每一个人的眼睛里。美丽的康城在绿树之中静静地矗立，映成每一个人生命的底色。

一种从心底里涌出来的幸福与柔软漾满你整个心灵，陪伴你走过一路的风景。你像个孩子一样，嘻嘻笑着，张大眼睛看着一枝花的微笑，一丝风的舞蹈，一位陌路人的和善。嘿，这是一个多么美好的世界呀。带着这样鲜活的生命，带着世界给你的感动，你回到了你的家中。

每一个人都笑眯眯地看着你，等待着你说点什么，可你什么也不想说。你用装满纯真和甜蜜的眼睛看着你爱了一生的他们，轻轻地、慢慢地走过去，给了他们一个最热烈的拥抱。那是世界上最美的言语，那是世界上最温柔的关爱，那是人与人之间最勇敢的力量。

明天，你要将你从康城收获的力量告诉他们，那幸福的闪电告诉你的，你将告诉每一个人！

一、泛康城模式

康城模式，主要是帮助那些对老年生活已经提前做好准备，在经济上、身体上、心态上，尤其是价值观和人生目标上都做过一番思考，并且不愿意草草度过余生的知性人群。人间康城的容量是有限的，但是，就跟人生第一阶段的求学人群越来越广泛一样，随着国民素质的提高，这样的知性人群也在逐年增长，怎样才能让更多的退休人员受益于人间康城这一理想之生活呢？我们能不能把康城模式复制到整个社会的各个层面，去造福更多仍然迷惑的人群呢？

把康城模式复制到整个社会的各个层面、复制到每位老人身边的模式，我们称之为"泛康城模式"。我们设想通过总部的康城学府—各城市的康城学院—各社区大学—公共巡讲四级梯队，配以四年制——年制—短期班—机动式的四级时长，将康城理念、康城模式逐步下沉到每一位老人身边，因地制宜、开花结果。让所有老人都因此真正开始改变，让所有家庭都因康城模式的出现而受益，让整个社会形成全民尊老、全民爱老的氛围。

人间康城是所有人的康城，是我们的理想丰足之地。

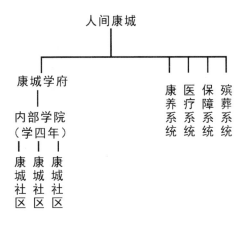

图 5-1　康城模式

（一）泛康城模式所帮助的人群

如果说康城模式是帮助经济上、身体上、心态上，尤其是在价值观和人生目标上，都做过思考而不愿草草度过余生的知性人群解决老年人生问题，泛康城模式就是帮助除此之外所有人解决养老人生问题，尤其是弱势老年群体养老这一薄弱环节的问题。

一是农村老人、大城市社区中的低收入老年群体、小城市中的一般老年群体。

二是不方便参加人间康城总部学习但又认可这种理念的老年群体。

三是还没有认识到现在的工作状态决定老年生活品质的工作人。

四是还没有认识到现在的学习状态决定中年和老年生活品质的学习人。

这四类人群，有的认知水平有限，有的生活范围有限，有的尚未觉知到这一问题与自己切身相关，都可能进入一种随机盲目式的养老生活。但是，通过每个康城人自己积极健康的生活，通过康城人温暖地将泛康城模式慢慢带入大家的生活，越来越多的人会走进一种积极主动的养老状态，从而享受到一种带着愉悦和生机的自由生命。

（二）泛康城模式所解决的问题

所有在人间康城研究的老年生活问题，所有在人间康城研发的解决策略，最终的目的都是帮助更多的人过上幸福的自由人生活。泛康城模式会将这些策略最大限度地因地制宜，帮助不同的老人逐步建立起新的生活。

第一，帮助其树立更适合老年人的价值观和目标方向。

第二，帮助其梳理确定爱好和梦想，引导其积极地对待老年生活。

第三，帮助其养成合理锻炼的习惯，保持健康的状态享受老年生活。

第四，帮助其形成终身学习的观念，持续不断地更新思想和接触新鲜事物。

第五，帮助其学会更融洽地处理各种关系，在和谐轻松的环境中度过晚年生活。

第六，帮助其建立友谊圈层，在相互需要的氛围中快乐幸福的生活。

（三）泛康城模式的传播路径

从上至下，泛康城模式通过四级途径一层一层传扬开去，以期最大限度地贴近最大多数的人群。

第一，人间康城总部的康城学府采用四年制模式，综合解决价值观、方向目标、习惯养成等功能问题。这里培养的人数总量虽然有限，但是这些康城人都经过四年严格的训练，是康城理念最好的践行者，也是重建幸福人生的最好榜样。他们分散到全国各个城市，把康城模式带到分布在各个城市的康城学院。

第二，在中心城市现有的高校中建设康城学院，学制1年。由总部毕业的学员去任教，把康城理念和康城模式传递给在分院学习的学员。这些康城学院是促进习惯养成，完成硬目标的地方。一般采取"1+5"模式，即学院上课1个月、离校5个月。通过这个环节的基础学习活动，康城人观察到那些有激情改变老年生活现状的学员则推荐其进入总部继续学习。

第三，在每个城市依托社区大学把康城理念带到每一个城市老人身边。社区大学采用上下午和周末班模式，配以讲座的方式，吸引社区所有老人参与学习，让他们逐步了解到有一种全新的养老生活可以选择、可以参与，打破此前盲目的、随机的养老生活。

第四，在全国，通过公共巡讲的方式把康城理念带给更多人，让整个国家形成全民尊老、全民爱老的氛围。不仅要让康城生活下沉到城市社区，更要把巡讲活动延伸到农村中去。依托农村天然的自然环境优势，启发农村老人把自己的家建设成花园式居所，引导老人将乡居生活建设得更加宁静诗意。在有花园、有蔬果、有池塘、有鸭群、有小狗小猫的农家小院里，在做一做手工豆腐、手工魔芋、手工咸菜的日常生活中，与世界对话，将源于康城的积极主动与源于自然的诗意生活完美融合。一支围着篝火的老人舞，一曲悠悠于原野的晚风乐，将古老的故事言说，将人生的旅途点亮。

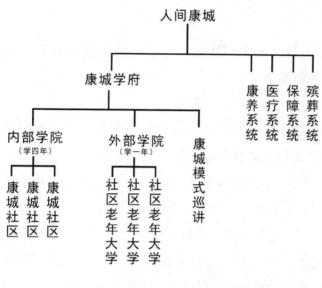

图 5-2　泛康城模式

二、泛康城模式下，老年人怎样主动重建二次生命

泰戈尔曾经告诉我们，世界上最远的距离不是星星交汇后瞬间便无处寻觅，而是尚未相遇便注定无法相聚，世界上最远的距离是鱼与飞鸟的距离，一个在天，一个却深潜海底。那么，我们是否也与幸福隔着如此的距离？如果，世界上真的有幸福的路，可是我们却从不知道；如果，世界上已经有人找到幸福的路，可是我们却从未尝试去靠近；如果，幸福的路就在眼前，我们却没有认认真真坚持到底……到生命最后的那一刻，我们会不会后悔不已？我们的灵魂是否会无法安宁？

一生之中，有很多沉重总是无能为力，有很多遗憾只能是追悔莫及，有很多未来常常混沌不清，但是，在还能把握的当下，在还能改变的空间，我们是否要对盲目的最后一程束手就擒？

就这样束手就擒地过完自己的一生吗？

（一）勇敢进入人间康城，主动思考和选择自己的所需，系统地开创新生活

有趣的是，在中国的传统中，每一代人都有一组默认的人生任务——养家糊口、培育后代、让后代成家立业养育后代、对老人养老送终——每个人就在这样按部就班地完成人生任务的过程中来到老年。这时，几乎每一个老人都清楚地知道，人生的这一阶段是完成任务之后最自由的阶段，也是自己还能拥有重大意义或者真心所求的最后机会，可恐慌和绝望，又常常让人无节制地沉湎于过去，或是盲目地匆匆度过。在这样的情况下，老年人可以勇敢地进入人间康城系统观察学习新的生活样式，主动思考和选择自己真正所需的生活，进而系统地开创新生活。

第一，老年人可以通过康城巡讲，接受"积极主动创造幸福晚年"的理念，把握自己人生的主动权；学习一些浅显的技巧改善自己的一些日常生活。

第二，在认同康城理念的基础上，老年人可以参加社区大学的康城课程。在最简单有趣的兴趣课程中，获得充实愉悦的体验感；在康城人对生活充满热情的氛围中，进一步学习如何正向思考、如何改进生活品质。

第三，对于那些想要尝试重建新的生活样式却还不知道怎么开始的老年人来说，可以直接申请进入中心城市的康城学院，用一年的时间，对自己进行整体复盘和无限制的探索，厘清自己，找到自己真正的兴趣方向；然后，用三年时间，在细致的专业内容的学习中，进入一种再生

长的状态，享受纯粹的学习的乐趣，让每一天过得更充实，让生命变得更丰盈。

第四，如果想从生活的方方面面完成一个立体的、彻底的重建，老年人可以直接进入人间康城总部。通过完整的理念和技能的学习，彻底改变旧的观念和习惯，树立自己的目标，与志同道合的朋友一起，通过多角度、规律化、阶段性的活动和实践练习，最终完成自我的彻底重建，从而带着新的理念、健康的习惯、阳光的态度和踏实的努力绽放二次生命。

"就算明天就是世界末日，今天我依然要种我的小苹果树"。即使余生对每个人来说都一样，是无法改变的事实，但如何度过余生却是我们可以一直努力的方向。

（二）在康城模式下，老年人怎样重建和开启二次生命

再没有任何一个时段像老年这样可以真正自由的做自己了。这是自由的最高机会。人们终于无须再烦恼走出下一步会发生多么可怕的事，毕竟最终的棋局已定。向死而生，因为无惧未来，我们获得了绝无仅有的自由。我们终于可以从生产价值交换和生产率竞争的焦虑中解放出来，远离生意、工作与政治的束缚，无须再去严格坚守一份过去的惯例，也无须为了维持生活放弃宝贵的奇思妙想。无论怎样胡思乱想，那都是每个人的自由。我们终于能先在精神上、继而在行动上冒些年轻时不敢冒的险了。

1. 重建

埃里克森将老年阶段称为"成熟期"，成熟期最容易出现的矛盾就是"自我整合"与"对自我的失望"之间的矛盾。在这组矛盾中，人们需要一种明智的、且经过深思熟虑的自我实现感才能应对。只有这一自

我实现感存在，人们才能拥有那种即便犯下大错、步履蹒跚也能接纳自我的豁达。在康城模式下，老年人可以通过复盘过去、改变自我、确立目标来达成自我实现感。

（1）认真总结，学会彻底放下过去

那些总是萦绕心头的旧事，那些反复出现在梦中的情节人物，那些总是不经意就脱口的唠叨埋怨，还有那些一再提及的自得和荣耀，藏着的都是我们无法释怀的遗憾、悔恨、自责和失落。这些都是最好的思考切入点，帮助我们发现自己的夙愿、弱点或者前进的方向，可惜人们常常沉沦其中却不知探究，白白错失接纳自己、重新开始的机会。

在康城模式下，老年人学会通过自我讲述或者自我书写，一方面回顾过去的得失、总结出经验教训，凝结成智慧的结晶、家族的精神；一方面找出节点性事件，放下以前的遗憾，也放下旧日的成就，重新定义前半生，为自己的旅程赋值，最终亲手定位自己的生命意义。

在这种对60岁以前的人生进行综合盘点之后——包含财富、健康、情感、信任指数、子女关系等多角度的实事求是的盘点——可以从中得出一些基础判断，再结合大数据分析的结论，老年人可以选择要么通过自我诊断，要么借助专业人士，制订出补救计划，或者彻底走向新的方向。

（2）以全新的思维重新建设自己

在日常生活中，人们的思维可以分为两种：加法式思维和减法式思维。很多人会习惯于减法式思维，总是从理想状态开始减分。自己的生活比理想的生活差几分，自己的身体状态比过去的状态差几分，自己的收获比应得的份额差几分，这样一项项减下来，就是跟理想的自己相减之后的自己，实际收获的总是关于各种失去的不幸。与之相反的则是加法式思维，总是去看自己得到的部分，不跟别人比较，而用自己积累起来的成绩给自己加分，每进步一点儿就是巨大的喜悦。好像自己永远是一个未装满的杯子，总是对世界充满好奇，每天都会发现自己比昨天进步了一丁点儿。这一丁点儿也许只是一次完整的睡眠，看到一朵花觉得很幸福，一家人坐在一起开开心心地聊了一会儿，或者哪怕什么也没做，仅仅只是"嘿，我又张开了眼睛，世界又在我面前了"这样的喜悦。这些很细小很细小的所得，做起来并不会让我们觉得特别困难，但是却会慢慢累积成生活的幸福感，累积成生活的勇气，让自己对生命充满热情和希望。这就是加法的幸福。

不与100分的理想目标比差距，而是认可自己每一天的存在之乐，认可自己的努力，也认可自己的安宁，这是每个康城老人必须持有的一种正念思维。正是在这种正念思维的支撑下，康城老人才可以不惧失败、不惧缓慢、不惧时光，开始改变自己，一点一滴地建设新的生活。因此，从拒绝倚老卖老、自怨自艾、批评苛责、守旧懈怠的"老态"开始，每个老人都应该以谦卑的心、开放的姿态重新学习怎样做一个"一流老人"。

在康城模式下，每个老人必须坚持通过学习获得不断生长的新鲜感，保持开放谦和的心态；积极结交朋友，参与家庭游戏和活动，在互相陪伴的情谊中收获恬静的幸福感；设立健康养护计划，新技能和好习惯养成计划，并且踏踏实实地落地执行，在完成的过程中，可以自我监督、互相监督、也可以运用康城制度监督。

（3）梳理爱好，找出梦想，确立方向和目标

一个人一旦否定自己具有自由意志、具有按照自我意愿做出改变的能力，活着就开始变得麻木，人也就不算是真正意义上的活着了。同时，如果一个人拒绝跟自己掌控之外的情况妥协，也是荒唐而无解的。人生的勇敢，既包括勇于改变的勇敢，也包括敢于承担妥协的勇敢。在康城模式中，正是勇于选择和承担的精神帮助每个人通过自身的决定和阐释，超越生命之中那种与生俱来的虚空和荒谬，创造出每个人独特的人生意义。康城人对自己负责，通过自己的种种选择和承担，铸就自己的生命，铸就自我这个灵魂。

老骥伏枥，志在千里。康城模式下，每个老人必须以最坚韧的耐心，通过复盘过去和改变自我，找出以前一直想做但没有做的事情，坚定而精准地确定真正的梦想目标，然后无惧岁月，安享当下，只管坚持做好这件事情。这将是很多人第一次摆脱功利心，专注于行进的过程。在这样的过程中，每个人却不断获得生命成熟期的自我实现感，一种发自心底的自我圆融感、喜悦感。

2.二次生命

通过康城模式完成重建之后，新的思维习惯、新的行为模式、新的目标方向已经确立，这时候，老年人就可以积极、自信、阳光、快乐、轻松地开启幸福之旅，全身心地、全力以赴地、彻彻底底地为自己活一回。

第一，老年人可以继续选择定居康城的生活，与那些真正志同道合的人持续作伴，一起共享新的生活；并且可以选择尊重和运用康城系统的强制互助系统，比如康城的"陪老计划"，只要义务照顾更老的老人（90岁以上老人）超过300天，就可以享受康城免费的终身照顾，因此，老年人可以趁自己还年轻（70岁之前）的时候，多做义工，为自己将来的照护需求积累义工积分，以解后顾之忧。生活在康城中的老年人，一方面拥有对未来的全方位的安全感，另一方面拥有劳动付出中的贡献感和愉悦感，从而让自己的二次生命更增添一份稳定发展的色彩。

第二，老年人可以选择回到自己的家、自己的社区，把从康城带回来的新的思维、理念和快乐带给更多的人，帮助社区大学里的学员，帮助身边的亲友创造更多的幸福。在这个付出和建设幸福的循环中，老年人的二次生命可以从自我实现和影响力的层面得到更高层级的绽放。

鲁迅说，"希望是本无所谓有，无所谓无的。这正如地上的路；其实地上本没有路，走的人多了，也便成了路"。当我们的眼睛还被传统的迷障遮蔽的时候，幸福的养老之路仿佛遥不可及。然而，在康城模式的全方位支持下，重建和二次生命成为每个老人都可以切实享用的幸福权益。

（三）庞氏循环下，老年人该扮演的角色

岸见一郎的母亲，因脑梗死病到基本无法行动的时候生出"我想学德语"的念头，就开始学。不久，她的意识越来越模糊，学德语越来越难，她就请求岸见一郎读给她听。岸见一郎说，"我想，母亲没有被余下的生命长度所束缚。她让所有人看到了她积极的姿态，用自己的方式对家人做着贡献"。

对于子孙来说，60岁的祖辈率先进入重建生命的革命性学习，这件事本身就是对子孙的洗礼和鼓舞。一个榜样似的康城老人从康城带回来的积极主动、开放学习的形象潜移默化地就会影响整个家庭形成全员学习的氛围、终身学习的理念，并传递出主动掌握人生、积极建设生活的强大生命力。在其身后，子辈、孙辈都将从一个快乐自足的康城老人身上感染到终身学习的乐趣和积极主动的幸福。

就像随风潜入夜的春雨，康城老人将绽放的二次生命带回家的时候，子辈、孙辈自然而然就能承继康城老人身上长远规划、终身学习、勤思爱读、勇于重启新生命的精神力量，这就构成了庞氏循环持续发展的动力。因此，在庞氏循环下，针对子辈和孙辈，老年人需要扮演好勇敢父辈和可爱祖辈两个角色。

1.做一个健康、快乐、独立、自信、自律的勇敢父辈

一个人是否具有成熟的爱的能力决定他能否豁达地接纳自己的一生，而一个人能否豁达地接纳自己、完成自我整合决定着他最终以怎样的形象和姿态与他人相处，从而决定了这份关系的质量。一个自我矛盾冲突的人、对自我失望的人，总是习惯于把这份失望投射到外界、

他者身上，或者抱怨时代的不好，或者嫌恶他人的可厌。这样的人很容易将自我的矛盾外化为人际矛盾，为自己的不如意打开"替罪羊模式"，从而开启日常生活烦恼的大门。这里的"替罪羊模式"是指在遭遇事件或情境时，人们心中都有一个"我应该做什么"的判断，但在实际行动中却没有这样去做，于是人们就将这种因自我背叛而对自己产生的不满意投射到他者身上，开始寻找各种理由来责备、怨愤、厌恶、嫌弃甚至憎恨这个充当替罪羊的他者。这时，隐性的自我背叛、自我矛盾就转变成了显性的人际矛盾。因此，一个人要想安度晚年，表面上取决于家庭关系的形态，实质上取决于自我扮演着怎样的角色。就像一个生活的差评师绝不会得到满意的生活一样，一个拥有成熟的爱的能力、完成自我整合、顺利实现自我的人也绝不会将他人看得一团糟，相反，他总是能看到他人身上宝贵的闪光点，看到世界可爱的地方，并且毫不吝惜他的鼓励和赞美。因此，要想建立一个正向的庞氏循环，老年人的首要任务就是必须通过重建学会成熟的爱，完成自我整合，并且一直走在实现自我的路上，从而成为一个健康、快乐、独立、自信、自律的勇敢父辈。

在庞氏循环中，如果父辈在孩子学习和成长阶段对其付出了尽可能的帮助，子女的发展都不会太差，于是，在自己成为老人的时候也就不会被啃老。但这并不是说老人就会对成年子女完全不管不顾，在成年子女压力最大的阶段，来自老父母的鼓励、工作经验的分享、对问题的指导和纠正都可以帮助子女减少试错的成本，尤其是时间成本，子孙由此更是倍加爱戴老人。在这种爱与承担的循环中，一方面，老人在二次生命中使自己成长为一个健康快乐、勇于改进的人，创造出和乐美满的家庭关系，带给子女更多家的温暖、爱的榜样；另一方面，老人通过复盘、总结、归纳、新学将自己一生的智慧凝结，在与子女开放谦和的交流中能给予他们适当的建议，子女也能在这种开放谦和的交流中、在老人积极快乐的形象中悦纳他们的智慧建言、改进自己的工作和生活。这就会形成一个非常良好的家庭氛围，让每一个家庭成员都能在这样的正向循环中获取前进的方向和力量。

2.做一个慈爱、谦和、开放、有趣、渊博的可爱祖辈

"幸运的人，一生都被童年治愈。不幸的人，一生都在治愈童年。"

作为祖父级别的老人，在孙辈面前要主动表现出和蔼、慈祥、有趣、谦和、开放、渊博的一面，做一个讨喜的、圣诞老人似的快乐老人、可爱老人。

和蔼、慈祥、有趣的老人是孩子天生的玩伴，无知无畏的孩子是点亮老人童真与活力的天使。当老人和孩子一起游戏一起消磨时间的时候，他们游戏嬉闹的唯一目标就是游戏嬉闹本身，他们甚至不是为了取乐而玩耍，而是玩的时候本身就很开心。因此，他们都展现出纯粹而天真的好奇心，都顺其自然，很有耐心，都喜欢慢慢来。这样的纯粹和从容是介于未成年人和老年人之间的拧巴人群所不具备的。正是在这样纯粹安享游戏的过程中，孩子和老人天然地享受着纯粹的休闲力，并将这样轻盈的快乐和幸福深深植于心中。

在这样日常的玩乐中，孩子自然而然通过祖辈的眼睛学习认知这个世界、学习处理事件的办法，因此，一个渊博的祖辈能在日常交流中提供更多的信息量给孩子，一个谦和、开放的祖辈则能呵护孩子面对未知世界的勇气和信心。

这样，做一个慈爱、谦和、开放、有趣、渊博的可爱祖辈，不仅仅老人让自己得到天伦之乐，更让孙辈获得来自祖辈宽如长空、厚比四海的关爱，获得纯粹的休闲记忆，获得丰富的知识和自信，这些都将成为伴随孩子一生的爱、幸福与安全感的宝藏，温暖他们以后的漫漫人生路。

（四）做一份切实可行的计划

在康城理念的指导下，根据四段式人生和庞氏循环的规律，为了完成重建二次生命，成为一个勇敢的父辈、可爱的祖辈，老年人需要制订适度、可行的二次生命计划。这份计划需包含梦想目标、基础态度、健康规律和旅行计划等。

1.梦想目标——实事求是、不弃不殆

实事求是地找出自己持续喜欢的事情，制定持续到90岁的清晰精准的目标和计划，如画家、歌唱家、著名外科医生等。然后进行系统学习，做到全力以赴，不轻易放弃，也不随意延宕。

2.基础态度——为自己而活、学会极简

每个真实的人，心中都藏着一个想玩耍的孩子。要做到这条，第一，调整心态，不为剩余时间逼迫，相信拥有无限的时间，相信当下即永恒，做个不慌不忙的老人，悠然自得的享受富裕、奢侈的生活时间。第二，面对二次生命，主动积极，充满激情和希望，为自己而活。第三，放下焦虑，秉持"儿孙自有儿孙福"的理念，活好自己，不过分忧虑子女，也不给子女添乱。改变依赖他人养老的惯例，尽量不要子女的钱，不给子女增加压力，尽量做到自己的事情自己搞定。第四，做到物质上极简、精神上无限丰富，把钱和精力花在刀刃上。果断、坚定地减去一切多余的物质和人际关系，尤其是要远离那些懈怠无力、喜欢抱怨、内心阴暗的人。

3.健康规律——健康作息、适度锻炼

合理的作息习惯是老人保持健康的前提，适度锻炼、科学休息，可持续地保护和养护身体资源。

4.旅行计划——客观评估、量力而为

老年人要客观评估自己的身体状况和财务状况，充分准备，制订切实可行的旅行计划。

敢于冒险或许会一时失足，畏畏缩缩则会迷失自我。在康城模式的全力支持下，改变和新生不再是一条坎坷曲折的冒险小径。在康城人的努力下，泛康城模式所及之处，人们慢慢接受"主动养老""积极养老"的理念，接受生命可以重新开创新局面的乐观和勇气。人们开始慢慢练习将丰富的人生经验转化成真正的智慧，慢慢练习用自我养护和锻炼关爱自己，在对世界的好奇和探索中寻找到孩子一样悠然学习的乐趣，在对家人朋友的关爱付出中得到甜蜜的慰藉。最终，在崭新的养老生活中，人们得到人生真正的奖励——缓慢却流畅，恬静却依然有力的老人之舞！

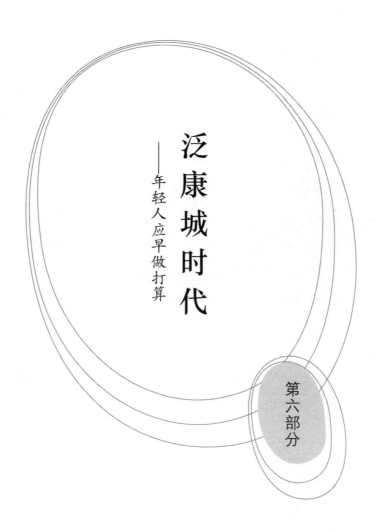

泛康城时代
——年轻人应早做打算

第六部分

是谁保护沙门悉达多免于罪孽、贪婪和愚昧？是他父亲的虔诚，老师的规劝，还是他自己的学识和求索？人独自行过生命，蒙受玷污，承担罪过，痛饮苦酒，寻觅出路。难道有人曾被父亲或老师一路庇护？亲爱的，你相信有人能避开这条路？

——赫尔曼·黑塞

周日，天色微红至大太阳之平光，阳光如花绽，蠢动又宁静。

你在树下打太极，行云流水，柔顺绵长。孙女在长凳上看书，愉悦专注，悄无声息。你们共享了这一天美好的开端，不管谁是夕阳谁是朝阳，在这样寻常的一天里，你们一起分享了晨间的生机盎然。

你沉浸在自己的世界里，全不知道，有时候孙女并没有在看书，而是若有所思地望着你，也许是书里的故事让她困惑，也许是鸟儿的飞翔让她感动，也许仅仅是你的从容不迫让她莫名地感到安全。你全不曾意料到，这样日常的场景竟然会成为孙女日后挂在唇边的笑意连连。

从康城回来以后，你总喜欢微笑着看他们，觉得他们个个都很可爱、勤劳、踏实、认真，这是他们敬畏生命的可爱模样。你惊奇地发现，你们真是越来越是一家人了。团结、和乐、彼此坦诚、彼此信赖、互相关爱、互相欣赏，慢慢地说话，慢慢地听彼此说话，就算那意见不同的眼睛里带着征询和思考，却也裹满了爱与谦逊。这真是幸福的世界呀。

这样的幸福不仅从你的眼睛里漫出来，也从孩子们的眼睛里漫出来，你让他们，他们让你，看到了美与方向……

一、康城模式下，年轻人怎样学习、工作和生活

在人间康城体系中，"积极""主动"是每个人活着的基本状态，学习和游戏、劳动和活动、爱与被爱是每个人最基本的幸福力。在人间康城，一种关注于"人的生存状态"而非"生存本身"的全新生活态度被建立起来。人不再只是被生存役使的骡子，人的生活不再只是各种零散生活碎片的随机拼凑，人是生命的主体，也是生活的主体。

一种全新的生活、全新的生命理念从康城老人身上来到每一个年轻

人的身边。对于年轻人来说，生活的方向是清晰的，生活的内容是可以明确架构的，生活再也不是从校门走出来那一瞬间开始的匆匆随波，也不再是日复一日混沌的忙碌与虚空。从此，关于生活的态度与生活的内容，年轻人都有了完整的范本可参考，也有了完整的视角去关注。

（一）学习

对于年轻人来说，学习与人生必须被当成一个长久且完整的整体来考量。学习不再只聚焦于生存竞争，学习必须为人的全面生活服务。学习的目的是从一个具有长远视角、长远目标、长远计划的战略思维出发，培养拥有幸福力的人。

在这一康城理念的指导下，年轻人必须突破三段式人生中只将学习与生存联系在一起的限制性思维，用长远的眼光认识到学习成长阶段、工作付出阶段、彻底重建阶段和二次生命阶段的关系，认识到第一阶段的学习是整个一生的基础。学习就此被分成两个基本的组成部分，短期的知识技能学习和长期的人文精神学养。对于年轻人来说，这样的学习必须既具有长远的规划性，又具有一定的容错机制，具有过渡性和重启性，并且最终是为了养成伴随终身的学习力，以应对我们漫长一生的各种境况。

1.确立远大目标，列出直到90岁的学习计划

对于年轻人来说，当我们把人生作为一个整体来考量的时候，毫无疑问，学习成长阶段所得的知识技能是整个人生的生存根基。学习阶段的全力以赴会换得一份好工作、一份好事业、一个好家庭、一个财富充足的中年人生以及殷实的晚年。但同时，在学习与工作中被不断检验和建设的人文精神却是一个人幸福一生的心灵支撑。因此，年轻人必须进一步明确学习成长阶段的任务和方向，既要打下生存所需的物质基础，又要养成生活

所需的精神学养。这就要求年轻人既要在按部就班的阶段性学习中有一个简单清晰的知识技能目标，同时又要针对自己整个人生方向确立一个远大的专业技能目标和人文精神目标，列出直到90岁的学习计划，以最终为自己铸造起物质与精神的双重家园。

2. 养成终身学习的学习力，不断更新知识应对变化

事实上，一个人在学习成长阶段的最大所得并不是人们通常以为的某一种知识技能，而是通过坚韧跋涉而成就的学习力，这才是其后一生应对各种变数的核心力量。

通常情况下，在学校学习的知识和工作中实际需要的知识会有很大的距离。第一，工作中更需要实用的技能而不是课本上的教条经验；第二，工作中需要不断拓宽行业知识面，提升认知的高度和判断的深度；第三，工作并不仅仅只是流水线上的机械化操作，还需要综合运用包括政治学、经济学、心理学、哲学、人文艺术等在内的整个知识体系；第四，在信息科技高速迭代的今天，很多职业还未产生，很多岗位迅速消失，变化是这个时代以及未来最大的特色，遗憾的是，并没有足以应对万般变化而永不过时的技术和知识。因此，这些来自实际工作中的要求并不是一个阶段的学习就足以支撑的，而是必须依赖于强大的学习力所带来的不断更新的知识。

唯一能应对万般变化的只有不断学习。因此，对于年轻人来说，在整个学习成长阶段，要培养的不是知识技能的容器，而是贯穿终身的学习力。这就意味着，年轻人将重新定位学习成长阶段的培养重心，从知识技能的学习转到学习力的养成上来，要让专注、坚韧、自制、开放、积极、统筹规划和拆解任务等能力的培养成为学习的真正重心。

3. 多读书成为一种生活习惯，学习成为最有趣的休闲

在康城模式中，人们清楚地认识到求学的过程重在培养学习力，阅

读和学习不是为了应试的分数竞争，真相是"学习满足旺盛的求知欲，阅读填充休闲的空虚感"，阅读和学习都是为了享受其本身具有的愉悦感；同时，休闲是生活最重要的组成部分，学习与休闲是相辅相成的有机整体，学习是最高级的休闲生活。

对于年轻人来说，这就意味着必须培养能读书、会读书、一直读书这种完全属于个体的学习力，让其可以永远面对任何技术的变化而不带惧意。更重要的是需将阅读和学习作为人最重要的休闲活动，让自己脱离空虚、无趣、保守和偏执，让自己的社交生活不耽于浅薄和粗俗，让自己的现实生活臻于脱俗和雅致，让自己的精神生活日渐充实和丰盛。尤其在自己遇到困境的时候，不再通过胡思乱想来逃避困境，而是通过阅读和学习用世界先贤的智慧解读一切复杂事物背后的本质，从而让自己面对任何生命的困境都不至绝望和坍塌。

4.营造家庭学习氛围，促成家庭成员接受终身学习理念

在日常生活中，最容易发生家庭矛盾的地方就是孩子的教育问题。作为年轻的父母总是希望孩子能自然而然地认真学习，作为年幼的孩子总是自然而然地愤怒为什么父母在玩而自己却要好好学习。亲子之间的矛盾就这样经年累月地加深，进而演化成亲密关系的矛盾，或者婆媳之间的矛盾等。

在康城模式中，我们清晰地看到，学习既是个体的成长行为，也是团队的互助合作。对于一个家庭来说，亦是如此。一个良好的家庭学习氛围会天然地促进每个人的学习行为，因此，年轻人必须致力于建设一个良好的家庭学习氛围，并且是通过自己的学习行为作为榜样，促成全员接受终身学习的理念，而不再是将学习作为某种苦差互相推诿。上至老人，下至幼童，当一个家庭的每个成员都真心享受学习的乐趣的时候，这个家庭就能最终形成彼此互为榜样、互相鼓舞的良性循环，进而形成开明、友善、精进、谦逊的家风。

（二）工作

工作阶段的积累依然是安享二次生命的基石。对于年轻人来说，康城模式让他们看到了自己完整一生的方向，生命随时可以重启，而一切辛勤都将归宿于全新的自由生命，这将成为支撑年轻人历经艰险的精神慰藉。

首先，在康城理念下，年轻人必须将人生作为统一考量的完整体，而不再随波逐流地进入任一工作通道；其次，年轻人必须通过不断地运用人生复盘、厘清自己、确定兴趣梦想、坚定事业理想、实现最高维度的影响力需求等来自康城模式的思考方式，清晰地找到自己的工作定位和职业规划，并且持续不断地努力和精进。

1.认认真真的就业或创业

对于就业者来说，必须在统一考量之后，信心十足地确定自己的真正优势，实事求是地总结自己的短板缺陷；求职不再瞎闯乱撞、遍地开花，而是根据自己的特点去选择既适合自己又有前景的行业；然后在对该行业、单位和岗位做过充分的了解和分析后，精准出击，迅速进入工作状态。

对于创业者来说，陷阱常常多过机会，一个自己并未深入了解的行业，他人的吹捧或自己的一时冲动都带着极大的迷惑性。因此，创业者必须时刻复盘反思，紧紧盯牢自己的目标方向，在充分且系统地完成行业调查、竞争调查、前景调查等市场调查分析，以及投资预算、产品设计、团队组建、人才招聘培养计划等准备工作后，创业者才能锐意精进、百折不挠，直挂云帆济沧海。

2.踏踏实实地工作赚钱

无论是未来选择康城模式重启自由人生，还是当下建设美好幸福的家庭，踏踏实实地工作赚钱都是最接地气的生活态度。对于充满迷茫、傲慢，或者梦幻、浪漫和理想主义的年轻人来说，这不仅意味着将自己扎根于真实的烟火生活，也意味着必须具备踏踏实实的工作力。

对于年轻人来说，有两大职场禁忌常以捷径的形式摆在面前：一是频繁跳槽；二是在自己创业的时候带走原公司的客户。然而，这两条捷径都并不真的有助于养成真正的良好工作力。事实上，良好的工作力只能来自踏踏实实的工作中。年轻人进入合适的工作岗位之后，只有踏踏实实把工作做到最好，才能换来最好的发展机会，只有获得最好的发展机会，才能获得最好的回报。经过这种自下而上的实践训练之后，对一个行业就能做到完整而系统的了解。这时，年轻人就拥有了既能脚踏实地地细致工作又能纵观全局宏观把控的工作力，从而摆脱好高骛远和狂热冒进的陷阱。同样的，在创业的时候，年轻人也要尽量从自己熟悉的行业开始，尽量找和曾经让自己成长过的公司有业务互补的领域创业，这样不仅可以获得母公司的支持，得益于母公司的资源，也会为自己在商业领域留下好的声誉，进而凭借良好的声誉在更多的商业机会中获得额外的机会。

踏踏实实地勤奋工作，认认真真地赚钱生存，这才是康城模式所主导的"积极""主动"地活着。

3.勇敢面对工作的困厄，积极主动的过渡和重启

技术的快速更迭、个体的判断失误以及经济环境的变迁等都会带来工作中的困厄状态，有的甚至直接失业断档或者触底崩盘。即使没有这些，天降的长寿也给了人们更长的工作年限，更多的选择机会。越来越多的人将无法再参考父辈那种30多年如一日的模式来工作。

在康城模式下，年轻人必须具备彻底重建自己的生命、积极主动拥抱变革的理念和精神，从而正面迎战困厄，主动规划和掌握人生。在踏踏实实工作、认认真真赚钱的积累之上，人生的某些阶段，年轻人还可以自主选择暂停脚步，休息和调整，重新学习自己真正想学的东西，重新选择自己真正愿意付出全部心血和精力的职业，积极主动地选择自己人生的过渡期，积极主动地重启自己的生命。

（三）生活

近几十年来，随着生产力的提高、物质生活的日益繁荣，人们一面享受着剩余生产价值所创造出来的自由，一面又在铺天盖地的消费蛊惑下沉沦在追逐物质的泥淖里无法自拔，工作与生活、消费与自由这一组问题的矛盾日益突出。对于大多数人来说，在迷迷糊糊的前行中，几乎是极其无知地就被抛到一个关乎真正存在的永久性问题前——究竟该如何利用自由摆脱浮泛的事物纷扰，究竟该如何利用科学的复利带来的休闲享受生活，从而智慧、愉悦、美满地度过人生。比起之前"生存的一生"，"幸福的人"生成为当下更严肃的时代命题，也是我们每个人切身相关的生命命题。

简单地说，一个康城老人，可以直接减少年轻人的赡养压力，减少具体的生活矛盾。更深层次的是，康城模式将"开创幸福的自由人岁月"作为目标导向的人生观会直接影响年轻人，让他们的目光得以穿透喧嚣嘈杂的消费主义浪潮，直接注视到生活最本真的一面，从而建构起幸福真实的生活。

1.主动建立健康的生活习惯，不透支身体

当下，醉酒、熬夜、肥胖、抑郁等问题正在越来越多地蚕食年轻人的健康，过劳猝死变得越来越年轻化。虽然每个人在理论上都知道健康

的重要性，但在实际行动中却常常背道而驰。在康城模式中，健康不仅仅是一件医养事务，更是一件通过每日规律作息、科学饮食来维护的生活习惯。

第一，年轻人必须主动进行有节制的饮食。在当下，很多疾病并不是营养的缺乏所造成的，恰巧是过度饮食带来的。过度饮食正在成为越来越多的疾病元凶。以肥胖为例，在年轻的时候，人们的运动量大，新陈代谢快，身体需要大量的能量，饮食的量达到身体所需的最大化。然而随着年龄的增长、运动量降低、肌肉量自然流失、新陈代谢降低，身体所需能量减少，但很多人并未据此主动调整饮食量和饮食结构，大量来不及消化分解的营养转化成脂肪堆积在身体里，并且随着年龄的增加而日趋严重。虽然有人已经意识到需要减肥，但事实上，没有强大的意志力和彻底重建饮食结构的决心及知识，这种肥胖是很难减下来的。最终，器官功能在高血脂的影响下负担越来越重，直至病变。

第二，年轻人必须主动建立规律健康的作息，适度应酬，杜绝熬夜。年轻时期最具有诱惑力的两大健康陷阱就是饮酒和熬夜。在实际生活中，由于工作时段占据了白天最好最完整的时段，社交通常都被安排在晚间，饮酒和熬夜就成了社交夜生活的标配。在长久的惯性思维中，所有人都知道工作式社交要完全杜绝饮酒应酬是不现实的，饮酒是友谊的桥梁，但是过量饮酒会损坏身体，长久下来得不偿失，因此必须保持适度饮酒、适度应酬，建立更加健康的社交方式，比如品茶等。此外，年轻时，由于工作经验不足，每项工作都需要做大量的基础工作才能完成任务，白天的时间不够，大部分年轻人都会选择晚上熬夜加班来完成工作。纵使所有人都知道熬夜会造成身体透支、留下隐患，等到中年很多疾病都会上身，到了晚年生活质量更是受到极大的影响，但是，当熬夜成为惯性的时候，工作熬夜、社交熬夜、玩乐熬夜，甚至无聊熬夜都会成为日常状态。

在康城模式中，年轻人不能再盲目地完成这些日常生活内容，因着对美好生活的强烈渴望，年轻人必须用主动自制和主动建构生活来获取令人骄傲的自由。

2. 积极参与一种体育运动，养成锻炼的习惯

在康城模式中，每个人必须培养一种体育爱好，养成规律性锻炼的习惯。一方面，通过规律的运动帮助身体机能保持健康活力；另一方面，长期坚持规律性锻炼所培养的忍耐力和意志力是主动建构生活的重要精神力量。

3. 实事求是地恋爱和成家

到底是年轻人的感觉更重要，还是老年人的经验更重要，这个问题似乎是个永远解不开的谜题，归根结底是观念系统的不同。对于年轻人来说，现在的时代语境实际上是传统文明系统和现代文明系统互相冲突、混杂又融合的夹缝。极其稳定的传统文明系统已经被彻底打破，而现代文明本身还在矛盾成长的过程中，以亲密关系为核心的现代家庭观念取代了以父子关系为核心的传统家庭观念，却又在实际生活中还没有完备起来。在这样新旧观念杂陈的现实生活中，人们一面不断冲撞着旧的家庭模式和建构标准，一面又惊恐地闯进婚恋标准几近全失的混乱之地，去寻找和探索现代婚姻的建设经营之道。

在这个过程中，年轻人，一方面确实需要反思标准本身，另一方面也确实不能盲目反对旧有的标准。以"门当户对"为例，在比较偏执的观念里，门当户对等同于财富地位，这是具有民主平等思想的现代人万不能接受的等级观。然而，不可否认的是，在"门当户对"四个字背后其实还潜藏着家教、礼仪、观念、格局、学习能力等综合因子。事实上，两个人的婚恋生活更是在日常生活的每一个细节中都受到这些因子的制约，有些差异甚至是后天怎样也无法沟通、无法调整、无法学习的。

在康城模式中，年轻人必须首先对自己有足够清楚的认知，知道自

己的三观品性、人生目标，知道自己真正所需的伴侣类型，能够既富有感情又足够理性地认识到两个人是否能达到三观相合层面上的"门当户对"，然后实事求是地做出合宜的婚恋选择。

4.认真做好育儿计划，认真陪伴和严格要求孩子成长

在康城模式中，积极规划和主动把握人生是最核心的态度，工作力、休闲力和幸福力则是康城理念中建设人们幸福自由岁月的三大基石。对于今天的年轻人来说，除了传统的培养孩子的工作力以外，休闲力和幸福力的培养则是当下最需要勇敢面对的问题。

年轻人必须及时做好育儿计划，并且负责任地做好优生优育工作。这既包括在备孕阶段的不喝酒、不吃药、不过度操劳、不过度生气悲伤等，也包括养育孩子的过程中照顾孩子的饮食营养、规律作息、礼仪习惯等，更重要的是，在孩子的整个成长过程中，陪伴和榜样的作用变得越来越重要。这就要求年轻人既要把自己变回孩子，陪伴孩子玩耍嬉戏，成为他们真正信任的好伙伴，培养他们创造游戏、享受游戏、合理游戏的休闲力；又要让自己不断学习成长，在孩子迷茫无助畏难懈怠的时候陪伴和鼓舞孩子勇敢闯过难关，成为他们的好榜样和好老师，培养他们坚韧不拔、志存高远又脚踏实地的工作力；还要在既耐心陪伴孩子又智慧管理孩子之外，对孩子充满爱和信任，引导孩子感受被爱的幸福和去爱的幸福，大胆地让其承担责任，尽量做到自己的计划自己列、自己的事情自己做、自己的抉择自己选、自己的责任自己担，同时还要适当分担家庭责任、参与家庭劳动和活动、照顾家人和朋友等，培养他们能够顺利感知爱、能够安全喜悦地去爱、能够积极主动创造良性关系的幸福力。

5.尊重生命，爱戴父母，允许他们做一个自由的老人

随着父母年龄的增长，那个曾经威武权威、干练利索的成年人开始变得越来越脆弱、保守、固执、唠叨，有时候甚至迷茫和慌乱起来。一方面，康城模式会带着老人去重建自己的生活；另一方面，年轻人也要秉持"积极改善态度、主动建构生活"的康城理念来建设赡养父母的具体生活行为。

第一，秉持对生命本身的尊重，爱戴生命，爱戴父母。退休对父母来说是一个巨大的挑战，在这个过程中，他们要承受权威的丧失、价值感的截断，进而到生命的衰退等种种打击。在这个过程中，年轻人只能用无数的肯定和接纳、无数的尊重和爱戴来陪伴他们平安度过这一阶段，进入下一个静美祥和的生命阶段。因此，年轻人需要静静地倾听他们一遍一遍讲述的过去，在一遍一遍大致相同的故事中，逐渐辨识出他们内心对这些事件的耿耿于怀；对于那些懊悔的事、对于那些被他们巧妙篡改了的记忆，能逐渐听出在他们的强势下那些未能辨识出、未能说出口的遗憾与愧疚、恐惧与担忧；然后适时地肯定他们的无能为力，宽恕他们的不完美，抚平他们心底的创伤，帮助他们接纳过去、与自己和解，在伤痛的事件和喜悦的事件中一样肯定他们的价值，给他们信任和陪伴的安全感。在这个尊重父母生命、宽慰父母生命的过程中，也帮助自己接纳不完美的父母、感恩父母的照顾、接纳父母的新感情，最终与自己的生命和解，放过自己、真爱自己。爱自己，爱父母，让父母感受到足够的尊重、爱和安全感，也让自己感受到足够的尊重、爱和安全感。

第二，主动创造新的家庭模式，温和而坚定地用先进的思想和模式带领整个家庭。退休这场改变也意味着家庭权力结构的改变，年轻人将真正成为家庭的承担者和决策者，父母必须要接受退居幕后的事实。因此，年轻人必须主动创造新的家庭模式，带领家庭更好地向前发展。当退休者本人当局者迷的时候，年轻人必须充满爱地从旁观照父母的生活。帮助他们建立健康的习惯，包括改善饮食习惯、选择正确的休息模式、进行日常的运动和活动。鼓励他们学习、创造新的生活内容而不是沉浸在回忆中。让他们参与自己的生活，在劳动中保持价值感等。还可以通过"家庭会议"等形式，一家人和乐地坐在一起，彼此倾心交谈，倾听老人的经验教训，完成家族的传承。

第三，建立好医养陪护系统，与医生建立信任且对等的关系，接受衰老发生的必然变化。当父母遭遇疾病困扰的时候，年轻人要通过日常积累的医养陪护系统积极参与对疾病的干预治疗，但也得学会反对过度医疗，引导父母预立医嘱和道德遗嘱，接纳疾病，直面死亡。同时，在面对衰老带来的必然变化时，要秉持"不苛责、不厌弃"的态度给父母足够的尊严和安全感。这就是生命退场的过程，我们每一个人都得在学会妥协的过程中好好珍惜存在的那一刻生命，从而避免用不恰当的、咄咄逼人的或者不成熟的照顾方式来强求父母。

在这样赡养父母的过程中，让父母体验到来自家庭的爱、温暖和幸福，也让孩子看到自己怎样爱戴和孝敬祖辈。当年轻人给孩子做好孝敬老人的榜样，孩子就会在将来直接地效仿这种正面的行为。家庭之爱，就这样一代一代传承下去，成为家族的精神内核。

6.适度庆祝，创造休闲，创造生活仪式和传统

在康城模式中，休闲力、幸福力是我们下定决心、自主培养的能力。对于年轻人来说，如何合理安排工作与休闲、如何安享个体休闲与分享团队休闲，如何在日常生活中充分感知幸福和创造幸福，这都是必须在日常生活中用心培养的内容。比如，在日常的学习、工作和生活中取得阶段性成果的时候，就要大方地分享和庆祝，既是对自己辛勤劳作的肯定和奖励，也是为了让自己所爱的人们能在这分享快乐的过程中获得一点正面榜样的力量。对于孩子来说，更是直接观察到一个人可以在长期坚韧的努力后安享劳动成果的喜悦与自豪，从而激励他们努力奋斗和安享生活。事实上，这些就是日常生活中那些美好的生命瞬间。生活非常需要这些大大小小的仪式和传统来提醒人们关注生活本身，关注创造幸福和分享幸福。

7.建立良好的社会关系，构筑幸福网络

一个人只有处于各种关系中才能顺利成长为一个完整的自己。在康城模式中，关系是构建幸福的重要课程，这要求年轻人认认真真地把关系作为一门必修课，修正自己对关系的误读，调整自己在建构关系中的错误视角，将他者不仅仅视为实现某种价值交换的途径，同时也将他者视为其本身来建构新的和谐共享的关系。

第一，建设合作共享型同学关系、师生关系。良好的同学关系和师生关系都是正向激励的催化剂。良好的同学关系可以取长补短、相互扶助、彼此间的良性竞争可以促使大家都收获更优异的学习效果，良好的师生关系能让彼此都获得授业解惑的成长和额外的鼓励支持，然而，这都需要建立在一份优质的合作共享型关系上。因此，年轻人必须努力建构一种彼此信任、互相欣赏、真诚相待的合作共享型关系，既成就彼此的成长，又在共享生命旅程的过程中收获丰厚的情感慰藉。

第二，建立良好的同事关系，适度开发非同事的社会关系。通常，同事都是我们完成工作的重要途径，良好的同事关系可以减轻工作的压力、同事间的互相帮助可以让工作变得更轻松、更容易形成团队作战能力、完成较高的目标，进而获得较为丰厚的报酬。类似的，一些非工作关系的社会朋友有时也能出乎意料地拓展人们的事业空间。在建构此类关系的时候，年轻人既需从工作的角度秉持协同作战、双赢或多赢的战略思维去架构和经营关系，同时也需从人的尊严和情感的角度对他者感恩扶助、真诚以待。

第三，建立良好的亲属关系和邻里关系。良好的家庭关系和亲属关系是一个人幸福指数最重要的指标，是其在外奋斗的坚强后盾。"远亲不如近邻"，作为家庭关系、亲属关系的重要补充，邻里关系不仅代表着生活环境的文明水平，更重要的是邻里关系和谐友善能让人在互尊互爱的社交大环境中体验到集体的关爱。无论是亲属还是邻里，这种来自外部群体

的"邻人爱"都是一个人最初体验到世界充满善良和安全的经验来源，也是每个人对他人秉持善意和爱的根基。在当下这种大家四海为家、各自为营的现实格局下，年轻人必须有意识地去建构这种善良安全的"邻人爱"关系。

对于年轻人来说，运用康城模式中积极主动建构关系的思路和技巧去思考关系、正面对待、智慧建构，是构筑幸福网络、获取生活幸福感的重要来源。

二、庞氏循环下，年轻人要扮演的角色

在庞氏循环中，人生之路分为"孩子—父母—祖父母"三个基本角色，其中，孩子是最为基础的角色，每个人都是由这个角色上升为父母和祖父母。因此，在完成庞氏循环的建构中，年轻人需要主动扮演好学生、好职员、好父母、好儿女四重角色。

（一）做好学的好学生

这是每个人对自己的第一个关键定位。在这个身份定位中，包含着对不断求知、认真求索的要求，也包含着对做学生的本分的认识。比如，在学习过程中，认真听取老师的要求和指引，真正做到"尊师重道"；想尽一切办法掌握正向的学习方法，养成良好的生活习惯，梳理出崇高的理想等。通过这个角色定位，年轻人将积极主动地去建构好学生的标准，并将其落实到自己的具体行为中。

（二）做努力工作的好职员

这是每个人对自己的第二个关键定位。在这个身份定位中，包含着年轻人必须将务实工作视为第一标准，也包含着对于每个生命来说最重要的一个职能划分，即劳动者的本分。比如，必须全力以赴地干好本职工作，不停精进行业技能，创造更多机会积累人脉、整合资源，创造和储备更多合法财富，以期在教育子女和赡养父母时有足够的经济支出能力等。通过这个角色定位，年轻人无法再推诿自己必须参与劳作生存的责任，而是积极地、长远地规划职业生涯，勇敢地、勤勉地参与每一步工作。

（三）做负责任的好父母

这是每个拥有完整生活内容的年轻人必须承担的第三个关键定位。在这个身份定位中，包含着为人父母须承担责任的基本要求，也包含着为人父母需牢记的本分和努力的方向。在更长寿的父母和较晚出生的子女之间，几乎每个年轻人都充当着这种"上有老、下有小"的夹心层，同时，还有繁忙的工作不停消耗着年轻人的心力，三方压力同聚一堂，年轻人的能量和资源必须同时流向工作、子女和父母。通常情况下，这一阶段的时间还不算短。即便如此，在这个教育子女的关键阶段，年轻人都必须抽出足够的时间陪伴和引导孩子的成长，做一个尽心尽责的父母。通过这一角色定位，年轻夫妻既可以合理分工、忠诚协作，又可以更清晰地看到自己应付出的时间和心力的方向，而不至于在子女的教育中缺位和造成憾事。

（四）做孝敬的好子女

实际上，在人伦关系中，在每个人的自我认同中，这都应该是作为人的首要定位。在这个身份定位中，包含着亲子关系的基本态度，也包含着每个人最基本的为人之道。比如，做孩子的时候，在父母的严格要求下，能认真遵从父母的意见，真正做到"父母呼，应勿缓；父母命，行勿懒；父母教，须敬听；父母责，须顺承"。成年后，在赡养父母的过程中，能好好工作、创造更多合法财富、保证在赡养父母的过程中有足够经济保障、免除父母的生存之忧；能创造业绩、取得成就、让父母以子女为荣、给父母以家族兴旺的希望和尊严；能尊重父母的意见、恭敬和爱戴父母、给予无微不至的照顾和关心、给父母放心老去的尊严和安全感，真正做到"亲爱我，孝何难，亲憎我，孝方贤"。此外，还要能摈弃依靠父母照顾孩子的陋习，尽量请专业的教育护工来照看孩子（这是个全新的职业，既能照顾孩子生活，还具有小孩教育的知识和经验，能对孩子进行实时的引导和教育）。这些才是最实事求是的孝敬之道，也是为人子女的本分之道。

三、做一份切实可行的计划

在康城理念的指导下，根据四段式人生和庞氏循环的规律，年轻人需提前制定合理、全面、可行、系统的人生规划。作为人生成功的导航器，这份计划需要谨慎地包含人生目标、基础态度、健康规律、保障计划等。

（一）人生目标——扎根现实、幸福生活

"无志之人常立志，有志之人立长志"，那些常常树立、常常变更的志向让生活零散不成章，让人焦躁匆忙，只有长久的志向才能让生活的轨迹清晰可循，让人一生从容而坚定。一方面，扎根于现实生存，年轻人要早定目标、专注目标、早出成绩、多积累财富；另一方面，在确定人生终极目标的时候，年轻人要积极参考人间康城模式的理念，完成价值目标的转向，把快乐、充实、幸福的生活作为生命目标的一个方向，把幸福的老年生活纳入切实可行的计划当中。

（二）基础态度——积极正面、学会减负

最基础的态度是，学会以结果为导向，积极主动、正面阳光地看待问题，实事求是地排除困难和解决问题。

最重要的保护措施是，果断、坚定地减去一切多余的物质和人际关系，尤其是那些喜欢抱怨、内心阴暗、不停带来负能量、对自己身心健康有所减损的人。

（三）健康规律——健康作息、规律锻炼

严格管理自己的作息时间和形体健康，充分锻炼，科学休息，保持身心健康。

（四）保障计划——积极存入、完善保障体系

尽早缴纳养老保险金，合理购买商业保险，冷静地列出一份可持续的保障计划。积极进入财富银行、情感银行、爱心银行、互助银行和健康银行的储蓄业务。从物质、精神和情感多个角度建立和完善保障体系。

（五）正确金钱观——正当赚取、不卑不亢

必须努力创造和积攒合情合理合法的财富，这是一切幸福生活的门槛和保障，也是最后一道防线。有的人为懒怠所拖累，有的人被至高无上的道德绑架，声称"淡泊名利"、不耻赚钱，等到孩子上学需要交学费、父母生病需要交住院费的时候，钱比什么高尚的道德都重要，这是实事求是的。不过，也不能因此就唯利是图、巧取豪夺。在积累财富的过程中，保持做人的底线、保持身心的健康，用勤劳和智慧正当换取财富，不卑不亢。

总的来说，通过积极主动的彻底重建，开启人们的二次生命，享受自由人岁月和建立充满爱与承担的庞氏循环是康城模式的最终目标。在对康城模式这一价值认同的基础上，年轻人需从学习、工作、生活三个方面早做打算，在完成自己的好学生、好职员、好父母和好儿女的四个人生身份中，在量身制定和严格完成计划的过程中，培养自己的和家人的学习力、休闲力和幸福力，创造和安享真正幸福的人生。

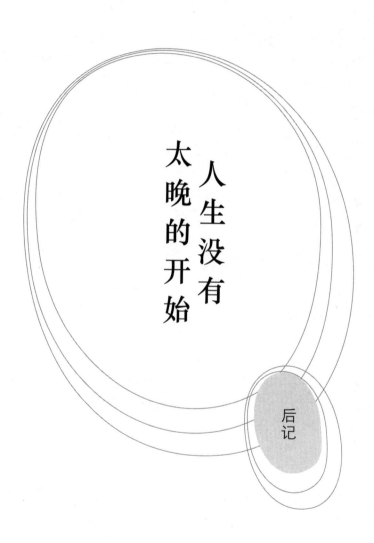

人生没有
太晚的开始

后记

摩西奶奶，原名安娜·玛丽·罗伯逊·摩西，1860年9月6日出生于美国纽约州一个贫穷农夫家庭。1887年，27岁的她嫁给了农场的工人，此后半生都在农场度过。后来重回纽约州，在离出生地不远处生活了将近20年，以刺绣乡村景色为乐。由于要抚养10个孩子，生活变得非常艰辛，她的双手被擦地板、挤牛奶、装蔬菜罐头等琐事所占有。直到76岁因关节炎不得不放弃刺绣，她又勇敢地拿起了画笔开始绘画。她的画会在当地展览，也会被女儿拿到镇上杂货铺。后来，陈列在杂货店橱窗中的作品引起了艺术收藏家Louis J.Cal — dor的兴趣，他想帮助摩西，遂将其作品带到纽约的画廊，使摩西引起画商Otto Kallir的注意。摩西的画被挂到Kallir的画廊里，Kallir将摩西介绍到艺术界。摩西奶奶在她80岁时（1940年）终于在纽约举办个展，引起轰动。随后，"莫泽斯老奶奶画家"的名号传遍了纽约，她的作品被刊载在各大报刊上。不久，莫泽斯的作品流传到了法国，卢浮宫近代美术馆出资100万美元收购了她的一幅作品。在普希金美术馆举办莫泽斯的作品展时，排队参观的人竟然高达11万。此后，她的作品成为艺术市场中的热卖点，并且赢得了很多奖项，上百万张的问候卡纷至沓来。

王德顺，1936年出生于沈阳，24岁成为沈阳军区抗敌话剧团的演员，复员后被分配到长春话剧院。40岁学英语，49岁来到北京，成为一名货真价实的"北漂"，开始研究形体哑剧。50岁开始健身，并在51岁首次将中国哑剧带到世界哑剧的舞台。57岁创造了"活雕塑"的艺术表现形式，在北京首演引起轰动。65岁学骑马，70岁练成腹肌，78岁为了拍摄电影《重返20岁》第一次学会骑摩托。79岁的一次机缘巧合让他走上了T台，"最潮大爷"的名号从此传遍全国。2016年，王德顺已经80岁了，但他仍然有着自己的人生追求。走上大荧幕，从电影《冬》的拍摄宣传，到《大鱼海棠》中人物的配音……王德顺用行动诠释了——只要努力，一切都不会太晚，只要你还在路上，你就离成功不会太远！

薛敏，1936年出生。2014年春，天津大学网络教育学院本部报名处，进来一位头花斑白的老奶奶。尽管入学时她已经77岁，但她每天都是凌晨5点起床，先打开电脑学习一会儿，然后再洗漱、吃早点，白天没事的时候，她就学习。有时候是在家里，有时候也会去公园。她不欢迎别人去她家里，因为家里堆满了"破书废纸"；她去公园怕被围观，不能带电脑，只能带本书，被围观时她就装"耳背"。她家里的电视已经四年不开机，她说她不看电视剧，因为看连续剧每天就浪费几个小时不能学习。因为网络学习的特点，平时作业可以通过"刷题"的方式得到好成绩，她基本是不刷到100分誓不罢休，有一次为了做对一道题，她甚至刷了70多次考题。不仅学习努力，她对老师还非常恭敬。去学习中心找老师问问题，她都坚持站着。因为努力，她获得了2014—2015年度天津大学"现代远程教育学习之星"。最终，"学霸奶奶"薛敏在81岁的时候拿到天津大学现代远程教育的本科毕业证书。作为毕业生代表发言时，她说："我觉得生命的意义就在于不断地挑战自己、完善自己，所以我要感谢天津大学给了我这样一个机会，让我把年少时未完成的梦想变成事实。"

李启君，1945年出生，是成都铁路局退休职工。2015年4月，时年70岁的李启君在儿女和老伴的支持下毅然决然地报名参加了大学自考考试，踏上了自考大学的征程。李启君自小就非常热爱文学，但因高三时生了一场病，遂与高考失之交臂。这一经历成为李启君一生的遗憾。为了实现大学梦，李启君一直坚持学习，即便是记忆力和学习力越来越差，即便是戴着眼镜还得借助放大镜看书，她也没有产生丝毫放弃的念头。从2015年4月报名大学自考考试至今，现年75岁的李启君已经通过了汉语言文学专业12门考试中的9门。李启君奶奶说，自己每天都有计划地看书，每天计划看好多章，好多节。每日计划完成后，李启君奶奶也并不会闲着，她还会阅读一些文学书籍轻松下头脑。她说："人的一生是非常有限的。高尔基说，'书籍是人类进步的阶梯'。"

　　韩中明，1948年出生，今年73岁，他是山东整个跑步圈的骄傲。从教师岗位退休后，韩中明会做零工补贴家用，此外，他最大的爱好就是健身锻炼，跑步、打太极拳、玩双杠都是他的所爱。抱着重在参与的心态，韩中明在70岁高龄报名参加了日照半程马拉松，成为参赛选手中年纪最大的跑者，并结交了许多跑友。马拉松打开了韩中明另一扇"健身大门"。镇江的马拉松、海口的马拉松、张家口的马拉松、菏泽的马拉松、千人戈壁赛等，三年来，韩中明参加了几十场国际马拉松赛。没有比赛的日子里，韩中明坚持每天5点起床，跑步10公里。即便跑步过程有受伤，他也只会笑着说："这都不算啥，我比较皮实。"长久的锻炼让他身材精瘦，肌肉与皮肤却十分紧实，心态年轻，看起来完全不像73岁的老人。韩中明说："我喜欢跑步，和年轻人在一起感觉自己充满活力，希望自己能跑到80岁。"

　　……

　　这样的故事还有很多很多，我们相信有一天，这里面也会有你的身影、你的故事、你的未来。

　　"嘿，60岁，我的生命才刚刚开始。"

中国养老产业实况

附录

一、不断提速的中国老龄化

（一）一组数据

2015年年末，我国60周岁及以上人口22200万人，占总人口的16.1%，65周岁及以上人口14386万人，占总人口的10.5%。

2016年年末，我国60周岁及以上人口23086万人，占总人口的16.7%；65周岁及以上人口15003万人，占总人口的10.8%。

2017年年末，我国60周岁及以上人口24090万人，占总人口的17.3%，65周岁及以上人口15831万人，占总人口的11.4%。

2018年年末，我国60周岁及以上人口24949万人，占总人口的17.9%，65周岁及以上人口16658万人，占总人口的11.9%。[1]

（二）老龄化

1.老年人的定义是什么？

按照国际行业标准，65周岁以上的人确定为老年人；我国《老年人权益保障法》第2条规定老年人的年龄起点标准是60周岁，即凡年满60周岁的中华人民共和国公民都属于老年人。近年来我国老年人口数量逐年增多，预计2025年我国老年人口数量增至3亿人。[2]

---

①数据来源：国家统计局官网。

②引自张华琳：《中国养老现状分析》，搜狐网，2019年4月5日。

2. 什么是人口老龄化？

按照国际通行划分标准，当一个国家或地区65岁及以上人口占比超过7%时，意味着进入老龄化；达到14%，为深度老龄化；超过20%，则进入超老龄化社会。目前我国已进入老龄化阶段，2020年我国65岁及以上老年人口比例达11.70%，即将步入深度老龄化，预计2040年我国65岁及以上老年人口比例将超过20%，进入超老龄化社会。[①]

（三）我国老龄化程度

按1956年联合国《人口老龄化及其社会经济后果》和1982年维也纳老龄问题世界大会确定的标准，中国在2000年就已经到达老龄社会。2000年人口普查时，60岁、65岁及以上的人口分别占总人口10.46%和6.96%，这两个数字在2010年人口普查时上升为13.26%和8.87%，并在2015年的1%人口抽样调查中进一步上升至16.15%和10.47%。翟振武（2017）测算，中国老年人总数将在2025年超过3亿人，2033年将达到4亿人，老龄化程度比预想更为严重。[②]

众所周知，当我们谈到人口老龄化时，通常会想到两个衡量标准，一是否已达到老龄化；二达到的程度有多深。判断是否达到老龄化，根据1956年联合国《人口老龄化及其社会经济后果》著作确定的划分标准，概括成一组数字，就是"6010657"什么意思呢？就是当60岁以上老年人口占人口总数的10%，或65岁以上老年人口占人口总数的7%的时候，这个国家或者社会便进入了老龄化阶段；那又如何判断老龄化的程度呢？也有一个简单的数字概括，叫"651420"，意思就是65岁以上

---

①数据来源：《2019—2025年中国人口老龄化市场研究及发展趋势研究报告》。

②引自聂日明：《谁为中国人养老，老龄化的现状与问题》，搜狐网，2019年12月10日。

人口占人口总数达到14%为深度老龄化；达到20%为超级老龄化。

根据以上标准，从世界范围看，现阶段中国老龄化并不算最严重的，但是，中国却占据了老龄化的两项世界冠军，一个是截至2016年，是世界上唯一一个老年人过两亿的国家，达到惊人的2.3亿人；另一个是老龄化发展速度世界第一，西方百年的老龄化进程，我们中国只用了区区18年，而且还有不断加速的趋势。

从2020年到2050年这30年期间，中国老龄化进程可谓是"似高铁般的速度还在不断提速"，平均每8～9年便发生一个重大的转折与变化，比如：仅仅7年之后，我国将跨步进入深度老龄化；紧随13年后，进入了超级老龄化；到2050年时，我国每1～2位国人中就有一位是60岁以上的老年人，这个场景正像今天的日本，无论在地铁里、大街上，甚至在很多的工作岗位中满头白发的长者比比皆是，这就是中国未来必将到来的场景。

二、老年人口结构分布现状

中国的老龄化现状，包括空间、年龄、城乡分布等多个维度的结构特征；人口结构与人口在空间上分布的变化，深刻地影响了养老保障的格局。今天中国养老体系面临的收支失衡的地区差异、城乡差异、人群差异，其根本都是空间和代际之间的结构失衡导致的。这种失衡表现在以下几个方面。

（一）2000年前的城市化水平越高，老龄人口越高

工业化与城市化最早的地区的老龄化相对严重。例如，京津沪三个直辖市、东三省。这些地区在计划经济时期中的国有经济占比高、历史

长，职工依赖于单位，也是执行计划生育最彻底、最严格的地区，这进一步提升了老龄化的程度。

京津沪是中国城市化最早、最快、最全面的地区，在2000年前完成了大部分的城市化改造，随着城市化的推进，老年人随着生活水平的提高，普遍寿命延长，同时年轻人生活方式的改变带来生育观念的改变，不太愿意多生孩子，无疑也推动了老年化的快速推进。[①]

（二）人口净流出比重越高，老龄化程度越高

人口流出地区的老龄化程度重于人口流入地区。最近二十年人口迁移成为中国人口的主要特征，流动的人口大多是年轻人，年轻人的流动自然会抑制流入地的老龄化程度，而提高流出地的老龄化程度，尤以安徽、重庆、四川等人口流出大省较为严重。同为人口流出大省的河南，则因为城市化率较低等原因使得老龄化比率低于全国。

（三）农村的老龄化程度高于城市

这同样是由人口迁移的趋势决定的。人口城市化将首先直接加快农村人口的老龄化，城市化过程中省际人口迁移更加剧了中西部欠发达地区农村人口的老龄化。2000年时，人口流动规模较小，农村与城市（及镇）的60岁及以上老龄人口占比与总人口占比基本一致，甚至城市和镇因为执行计划生育更严格，老龄化程度更高一些。但随后快速城市化的背后是农村的年轻人流入了城市，而受制于户籍等制度，老年人无法随子女进城，抬高了农村的老龄化程度。城镇化率提升很快，但老龄人口并没有同比增加，被留在了农村。从总量上看，2015年的农村、镇和城

---

①引自聂日明：《谁为中国人养老？老龄化的现状与问题》，搜狐网，2019年12月10日。

市的60岁老年人占总人口的比重分别为18.47%、14.53%和14.2%，城市和镇的老年人口同龄人的比重明显低于农村。

（四）计生工作彻底的地区老龄化程度高

已有六省发出警告提前跨入深度老龄化，根据各省份人口统计数据，我们可知我国人口老龄化发展速度快，上海市、辽宁省、山东省、四川省、江苏省和重庆市六省市已提前跨入深度老龄化社会。[①]这与这几个地区的计划生育政策的彻底执行分不开，当年这些地方政府不惜采用"结扎""没收基本生活物资""高龄引产""跟踪抓捕"等极端手段，也要彻底禁止超生，这也是导致"421"现象的直接原因。这些地区很多出现一对年轻夫妇赡养6位老人、抚养两个小孩的现象，生活压力之大可想而知。

三、快速进入老龄社会的原因

我们知道，人口老龄化实质上是人口年龄结构变化所产生的，而人口年龄结构的变化取决于出生、死亡和迁移三个因素，最主要的因素是生育率下降，其次是预期寿命的延长。[②]

（一）计划生育政策

时间队列上看，中国老龄人口不是匀速增加，而是一波又一波产生的。过去七十年，中国经历了三个明显的生育高峰。1949年后形成第一

---

① 引自张华琳：《中国养老现状分析》，搜狐网，2019年4月5日。

② 引自中国社会科学院老年科学研究会熊必俊：《中国人口老龄化趋势》。

波婴儿潮，这是第一个生育高峰；随后出现三年饥荒，生育率骤降；20世纪60年代初，生育意愿恢复，这是第二个生育高峰，至70年代末计划生育，生育率再次下降；80年代起，第一、第二个生育高峰出生的女性进入育龄，形成第三个生育高峰。目前中国正进入第四个生育高峰，即第三个生育高峰出生的女性进入育龄。

中国最近十几年老龄化速度加快，正是第一个生育高峰所致，在第二个生育高峰的人群完全进入老龄之前（2030年前后），中国的老龄化速度会持续保持高位。这部分人口规模巨大，也使得老龄人口从2亿人增加到3亿人所用的时间将会是最少的。[1]

（二）生育率下降

长期独生子女优越的宣传教育，形成了惯性思维。同时就业形势、房贷车贷的压力，以及受西方观念的影响，年轻人不太愿意多生孩子。2010年第六次人口普查时，我国总和生育率仅为1.4，远远低于世纪更替率2.2。什么是世纪更替率？是指为了让一代人的规模大致相仿，需要达到每名妇女平均生育2.2个孩子的生育率，如果按照这个数据，中国每20 ~ 35年人口将会萎缩36%，两次轮回就将达到60%，这是令人触目惊心的。数据也同样说明了这个问题，在六普的时候，中国0 ~ 14岁的青少年占总人口比例仅为16.6%，比十年前下降6.29个百分点，已经处于严重少子化水平。即使在单独二孩政策实施第二年的2015年，出生人口不升还降，说明中国生育意愿的低迷比我们之前预料的还要严重。综上所述，孩子出生少了，预期寿命又在增长，老龄化自然加剧。

---

[1]引自聂日明：《谁为中国人养老？老龄化的现状与问题》，搜狐网，2019年12月10日。

（三）预期寿命的延长

医疗水平的改善也是社会人口老龄化的原因之一。自1978年改革开放以来，我国经济迅猛发展，人民生活水平不断提升，社会医疗水平也在逐步改善，国民健康水平得到了稳步提升，国民人均预期寿命从1981年的67.77岁上升到2015年的76.34岁。

2018年中国三大城市实际平均寿命：

- 上海80.26岁；
- 北京80.18岁；
- 成都80.54岁；

高收入人群人均寿命接近90岁。[1]

四、养老政策

2019年11月下旬，中共中央、国务院正式印发《国家积极应对人口老龄化中长期规划》（以下简称《规划》），将应对老龄化上升为国家战略，《规划》明确了应对人口老龄化的重要意义和目标任务，而且给出了翔实具体的应对措施，近期至2022年、中期至2035年、远期展望至2050年，以此指导未来三十年应对人口老龄化的各项政策。

社会各界已经着手人口老龄化的讨论和政策应对。全国层面有相应的人口、应对老龄的规划、战略，地方层面有上海的"9073"（90%家庭养老，7%社区养老，3%机构养老）"五位一体"等实施层面的安排，教

---

[1]数据来源：《2018中国人均寿命城市排名》。

育部、全国哲学社会科学规划办等机构也一直在资助应对人口老龄化的课题研究，帮助决策机构更有效率地制定政策。积极应对人口老龄化成为国家战略，势必进一步加快推动社会各界应对老龄化问题。[①]

五、养老模式

随着我国老年人口的递增，国民人均寿命不断延长，养老问题日益严峻。针对人口流动活跃，家庭小型化趋势造成独生子女养老负担重等社会问题，养老模式由传统单一的家庭养老衍生出机构养老、社区养老、医疗养老、身心养老模式、异地养老模式等多元化趋势。[②]

（一）居家养老

居家养老——养老服务设施：老年住宅，老年公寓。

老人以自我住宅为生活中心。对身体较好、生活自理能力强的老年人，依据需求随时提供生活照料、家政服务以及陪伴谈话等上门服务，对生活不能自理的老年人在提供上门服务的同时，注重提高老年人的生活自理能力和生活质量。居家养老对子女主要提出四点要求：一是定期或不定期给予父母一定的经济支援，使其生活无忧；二是当父母因健康问题无法自理生活时，能够得到孩子的照料，使得生活便利；三是满足精神需求，有孩子的陪伴与交流，生活充满希望；四是当父母有个性需要的时候，孩子能够创造机会和条件，满足父母的诉求。

---

① 引自聂日明：《谁为中国人养老？老龄化的现状与问题》，搜狐网，2019年12月10日。

② 引自张华琳：《中国养老现状分析》，搜狐网，2019年4月5日。

（二）社区养老

社区养老——养老服务设施：社区日间照料中心，社区老年活动中心，托老所。

社区养老服务是家庭养老服务的重要支撑，社区日间照料中心，社区老年活动中心，托老所等主要为居家老人提供适合老年人活动的社区活动空间，提供居家养老所不能满足的区域服务功能。

社区居家养老是由政府牵头，依托社区，依靠专业化服务，以家庭为核心，为居住在家的老年人提供相关养老服务。这种养老方式通过家庭和社区街道政府的通力合作，一方面减轻了子女养老产生的经济、人力、时间等方面的负担，另一方面也能满足大多数老年人居家养老的要求。

（三）机构养老

机构养老，设施建设是重点。主要类型有老年公寓，福利院，养老院，疗养所，敬老院，实现生活照料、康复护理、紧急救援等服务功能。适合高收入客群，主要服务于高龄和生活自理能力差的康复疗养项目，市场收入可观。周边交通便利、人气旺盛、公用设施完善、环境优美、床位较多，但投资较多、回收期长。

机构养老是由养老院、福利院、老年公寓等养老事务执行机构为老年人提供系统化、标准化的养老服务的模式。与家庭养老相比，机构养老是一种通过付费方式获得起居照顾服务的养老模式。当前我国的养老机构分为公立机构和私立机构。在社会经济水平的提升，家庭生活条件的改善，人民思想观念的解放等因素影响下，越来越多的家庭开始接受并尝试这种养老模式。

（四）医疗养老

医疗养老是结合了医疗保健服务、精神心理服务及生活护理服务的养老模式，可以满足老年人的基本养老需求，同时可为他们的老年生活带来健康保障。针对以往医疗和养老相对独立的情况，政府相关部门在 2015 年出台相关法规，明确在政策和经济等各方面对发展"医养结合"的养老事业给予支持和帮助。中国目前医养结合有以下三种模式。

1.单体综合模式：由单一机构提供医养结合服务，包括具备医疗功能的养老机构和医疗机构。其中又包括养老机构或养老居住社区办医疗机构，以及由医疗机构依托自身医疗资源建设护理院。如阿尔茨海默症老年公寓。

2.合作运营模式：由一个或多个养老机构合作，整合两个方面的资源。

3.辐射辅助模式：医疗机构或社区卫生服务机构与社区养老服务中心开展合作，为居家社区老年人提供健康服务。又可以分为政府主导和社会力量主导两种。[①]

（五）身心养老

以提升老人的自身修养、陶冶情操为主的休闲养老模式，与一般养老模式相比，增加了更多精神文化活动，是一种结合传统文化与当代人文关怀的养老方式。其以社会文明与社会发展为前提，以满足精神需求

[①]引自周博、王维、郑文霞：《特色养老，世界养老项目建设解析》，江苏科学技术出版社，2016。

为基础，以沟通情感、交流思想、拥有健康体魄与心态为基本内容，以修养个性、崇尚独立、享受快乐、愉悦精神为目的。

随着社会的不断进步，越来越多的老年人对精神文化生活有更多的追求，他们仍然具有丰富的学习动力和迫切的人际交往需求。在养老过程中，他们不仅需要物质上的赡养，同时需要精神上的赡养。而身心养老正是一种丰富老年人精神生活、提倡终身学习的养老方式。因此，身心养老是适应社会老龄化、建设终身学习型社会的时代产物。

身心养老模式中，老年大学是主要的形式。当然还有业余爱好交流、精神层次提升等实现方式。

（六）异地养老

异地养老就是指老年人离开现在住宅，到外面居住的一种养老方式，包括旅游养老、度假养老、回原籍养老等。我国的养老市场正处在一个百花齐放的时代，当银发经济邂逅日益增加的度假、旅游、探亲等养老需求，异地养老模式便逐渐形成规模。

1.疗养型：一般是指身体状况偏差或者有慢性病的老年人，在病情允许迁移的状况下，到环境气候适宜地区的养老院等进行疗养。如患有呼吸道疾病的老年人可以到气候温暖、空气指数优良的地区养老。

2.观光型：这种方式适合身体健康及经济能力较好的老年人。可以选择到全国各地甚至国外观光，不仅能领略到自然美丽的风光，还能了解各地的风土人情；也可以到环境比较幽静、安逸、适合休闲养老、修身养性的养老院入住。现在更有会员制养老体系作为依托，方便老人的旅居生活。

3.候鸟型：这种方式主要目的是给老年人提供适宜的温度环境，是一种冬天到南方、夏天到北方避暑的异地养老方式。适合所有老年人。因为老年人一般身体状况欠佳，对温度要求较高，这种方式可以有效预防一些季节性频繁发作的疾病。

4.探亲交友型：此种方式是老人以探亲交友为目的，选择距离自己的亲属较近、老年活动较丰富、方便结交很多老年朋友的养老院入住进行养老的一种方式，可以满足老年人脱离社会工作后的人际交往需要。

六、养老运营模式

随着老龄化程度增高，国家出台相应政策加大投入和扶持，民营资本大量进入养老市场，而这些养老企业找到合适恰当的运营模式是盈利和发展的关键。

（一）床位出租型

以床位出租方式盈利的经验模式——公办、民办、公办民营、公助民办。

公办养老机构收费较低，补贴多，供不应求，但管理机制不灵活、经济效益低。

民办养老机构运营管理比较灵活，服务能够适应一定的要求，但盈利微薄。

（二）房产出售型

以面向市场出售养老住宅产品为主，注重社区环境的打造和养老配套设施的完善。

多层住宅、独栋别墅、联排别墅、四合院等形式多样，以满足多种客户需求。

具有资金回收快、经验风险小的优点，满足老年人注重投资收益的心理。

有时候存在后续配套服务不足、管理不善、持续性不足等问题。

（三）租售结合型

养老公寓及配套设施床位出租与养老住宅销售相结合的运营方式。

实现土地效益和养老产业均衡发展，解决了经验资金和养老持续性不足的问题。

用地性质可以是居住、医疗、商业、公建等多种用地性质搭配，开发比较灵活。

（四）金融保险组合型

主要有以房养老，押金和养老金返还及绑定养老保险的3种方式。

目的是运用金融组合手段，促进养老社区产品的销售，为企业发展融资。

处于尝试阶段。

（五）会员制

打造医疗保健社区，实行会员制管理模式。

通过会员费+管理费获得长期稳定收益，同时依托休闲配套提供养生度假体验。

缺点是经营资金大、回收期长，且收费高昂，难以达到高入住率。

（六）其他

与医疗机构合作、与教育设施结合、与风景旅游相关产业结合、与幼儿园并建、青老共居等模式层出不穷，百花齐放。

无论哪种运营模式，首先都要解决住的问题，目前上百家进入养老市场的上市公司中，有超过40%有房地产业务，其中万科、保利、远洋和复星等大型上市地产企业也纷纷投入乐龄养老市场，发展自己的养老业务。其中有部分业务拓展到金融保险，试图开展"保险+养老"的运营模式，这些企业包括合众人寿和泰康保险等大型保险公司。养老运营、地产、保险成为养老产业的三大主力。[①]

七、养老经费筹措方式

1.政府主导的公共医保体系、社保体系

社会医疗保险模式，主要特点是国家法律规定强制实施，通过缴费筹集医疗，从世界各国的实践来看，养老保险筹集资金的模式包括三种：现收现付制、完全积累制和部分积累制。

2.民间资本投入市场环节

3.资本市场：如公募基金等

4.税收：税延养老险和养老目标基金

......

---

①引自周博、王维、郑文霞：《乡村养老——世界养老项目建设解析》，江苏科技出版社，2018。

八、养老产业问题及现状

（一）结构矛盾问题

1.养老产业尚处于起步阶段

我国的养老产业才刚起步，发展还处在初级阶段。以养老床位测算，按照国际通行的5%老年人需要进入机构养老标准，我国至少需要800多万张床位，而现在只有约250万张，缺口达550多万张。特别是要实现"老有所养、老有所医、老有所教、老有所学、老有所为、老有所乐"的目标，养老产业发展空间广阔。

2.供给不足，产业化程度较低

近10年来，中国80岁以上高龄老人已超过2000万，居家和社区养老产品供给不足，远远不能满足需要。2013年年底，我国共有养老床位500万张，每千名老人拥有床位25张，不仅低于发达国家5% ～ 7%的比例，也低于一些发展中国家2% ～ 3%的水平。空巢老年人占老年人口的51.3%。[1]

2018年全国各类养老服务机构达到17万家。养老服务床位共746.4万张，每1000名老年人拥有床位31张。[2]

2018年我国持有养老护理员资格证的从业人员不足10万人，养老护理人才缺口超500万。[3]

---

[1]数据来源：《第四次中国城乡老年人生活状况抽样调查成果》报告。

[2]数据来源：国家统计局、中商产业研究院整理。

[3]引自第一财经日报：《养老产业"用人荒"：护理人才缺口超500万》。

3.发展不平衡，供需不匹配

养老产业区域、城乡之间发展不平衡，特别是农村养老机构基础差、起步晚，面临问题更为突出。由于缺乏科学的规划布局，养老机构一床难求和床位闲置现象并存，结构性矛盾突出。一方面大量老人无床位养老，另一方面许多高端床位被空置。尤其是半自理和不能自理老人，养老需求更加得不到满足，提供一站式养老服务的机构更加少。

4.政策支持力度较大，但落实不到位

近几年来，国家为了扶持社会力量兴办养老机构或参与养老产业的发展，在土地供应、资金补助、税费减免等方面出台了一系列优惠政策，但由于一些地方未将国家政策具体化，缺少相应的配套实施机制，土地供应、规划建设、税费减免等优惠政策在一些地方难以落实，未能充分发挥优惠政策对社会力量发展养老产业兴办养老机构的激励扶持作用。

（二）人才匮乏问题[①]

专业人才缺乏，服务标准化水平不高。老龄人口的增多，对医疗卫生、休闲保健、托管托养、家政服务专业服务人员的需求大幅增长，潜在需求在1000万左右。但目前一些养老机构的专业护理、管理人才缺乏，从业人员素质和服务管理水平不高。全国从业人员不足百万，取得养老护理员职业资格的仅有几万人，大部分养老机构缺乏医生、护士、营养师、康复师等专业人员，尚不能适应社会不同收入群体的不同养老需求。年轻人不愿意选择养老行业是很重要的原因。

[①] 引自王会生：《以国有资本为支撑加快发展养老产业》《学习时报》，2014年6月2日。

老人年龄越大，生活自理能力越差，就越需要人照看。75岁以上老年人对该类养老服务的需求明显增加，主要是因为，随着年龄增长，身体机能衰退的可能性也逐渐增加。粗略估算，2019年生活完全不能自理的老人高达1000万人。其中，尽管城乡差距在缩小，但农村老人的完全不能自理的比重仍比城市高27%。[①]

大家庭解体，尤其是强制的一孩政策，意味着每对年轻夫妻将面对至少六个老人的养老需求，显然他们是照顾不过来的。即使城市里的老人拥有足够的退休金以及财产（以房地产为主）负担自己的老年生活支出，但他们的照看就没办法靠子女了。这都需要大量的服务型从业人员来从事照料老人的工作。

（三）资金匮乏问题

养老的筹资模式发生了变化，退休金在养老筹资中越来越重要。2000年全国60岁及以上的老人的生活来源中来自劳动收入、退休金和家庭其他成员的供养分别占总体的32.1%、20%和44.2%，到了2015年则变为23.47%、30.21%、36.68%。家庭养老占比明显下降，其下降的份额由养老金替代。2015年，城市市区内的七成老年人靠退休金生活，只有不到两成依赖家庭供养，靠劳动收入的更是只有6.29%。到了2019年依靠退休金生活的老人比例接近80%，尽管很多老人只有1000元左右的退休金。

数据统计，2020年，我国的老年抚养比降低为5：1，意味着中国每5位劳动力人口将承担1名老年人的抚养责任，而2020年，则达到2：1；不仅如此，中国的计划生育政策，导致了众多家庭成为421家庭结构，正如前面谈到的，这将会使更多的"汉堡包人"在既要"养老"又要"养小"的过程中，感受到无力与无奈。

[①]引自聂日明：《谁为中国人养老？老龄化的现状与问题》，搜狐网，2019年12月10日。

　　当"养儿不防老"的观念逐步被大部分家庭所慢慢接受的时候，我们将目光聚焦在了社保养老金上。然而，令人揪心的事实是，根据《2016中国养老金发展报告》提出，2015年城镇职工基本养老保险个人账户累计记账额（即"空账"）达到4.7万亿元。而当年城镇职工养老保险基金累计结余额只有3.5万亿元。也就是说，即使把城镇职工基本养老保险基金的所有结余资金都用于填补个人账户，也仍然会有1万多亿元的差额。

　　这种差额，我们称其为"空账"现象，是因为我国的基本养老保险采用统账结合的模式，既包含现收现付制的社会统筹部分（工资基数的20%缴费），也包含积累制的个人账户（工资基数的8%缴费）。原来是计划经济，企业养老，不用交社保，但是现在改了，可是退下来的那批人仍然要领社保。所以就规定，你后面这一批人，不仅要交自己的社保，还要负责前一批人的社保。由于这些历史遗留问题以及人口老龄化，年老的参保人士个人账户累计不够，年轻人个人账户中的钱不得不用于保障当期养老金的发放，导致账户上只有数字却没有实际金额。

　　拿池塘作比方，养老金是个池塘，养老金结余就是池塘里的水，一条小溪流进来，一条大河流出去。现在流进来的钱是70后、80后、90后的，流出去给了50后、60后。因此，当未来70后、80后的人需要赡养时，由于人数众多，就可能会面临钱不够用的问题。同时，由于是省级统筹，分布不均带来的结构性矛盾更加突出。

特别致谢

针对急速老龄化下的养老问题，我通过深度观察、思考和调研，大胆设想、小心求证，历时十五年，终于提出一整套新锐的解决方案，这就是大家看到的《人间康城》。

在对《人间康城》的构思过程中，我曾得到张春雨先生的特别关注和支持。因为他多年来连续不断的鼓励，才让我不至于在遭遇嘲讽、不解和阻碍的时候放弃对中国养老事业的探究。我真的非常感激他！

本书最终完稿合计14万余字。在2020年新冠疫情封城期间，我自己独立完成总框架和核心创意内容六万多字。为了让书稿具有可阅读性和文学性，特别邀请了西南民族大学的何孟霞老师对书稿进行了润色和补充，原本枯燥的理论变得生动起来，才得以让读者拿到的《人间康城》不至于空洞和缺乏生机。在此对何孟霞老师的付出表示深深的感谢！

开篇内容"一场头脑风暴"是本书的引子，大约1万字，是根据16位不同年龄阶段的朋友真实发言稿整理出来的，是他们对老年生活的真实理解和看法。这些朋友中有些是退休领导、退休教授，还有一些是在职人员、企业家和在读学生。大家在炎炎夏日、百忙之中出席"人间康城之最理想的老年生活公益讨论会"，把自己的人生智慧、对老年生活的观察、对理想老年的思考全都贡献出来，这是非常令人感激和钦佩的！如果说这本书将来真能帮助一些老年朋友从茫然中觉醒，也有我这16位朋友的功劳，在此对他们致以诚挚的感谢！

当然，在这个成书过程中，还得到所有家人、朋友的全力支持，得到中国文史出版社等机构的大力支持，在此一并致谢！

　　《人间康城》不是灯塔，不是警示，甚至不算指引，它仅仅是我们对当下养老生活现状的关切，是我们对未来养老生活的一种探寻，也是我们对当下身处养老迷雾中的人们做的一次善意的呼唤，还是我们跟关注自己未来生活的年轻人之间的一次前瞻性对话。

　　谨以此书献给所有人60岁的人生！

庞传兴

2020年7月于阆中古城庞门学院